별을 쏘는 사람들

별을 보는 사람들

이지유 글 | 송진욱 그림

들어가는 글

우리는 모두 별을 쏘는 사람들

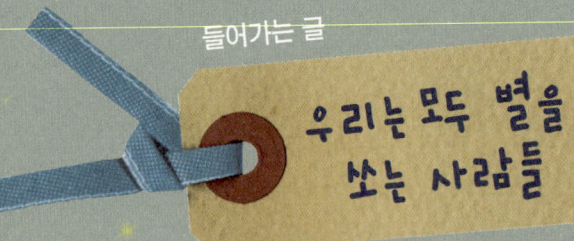

1990년 봄, 천문학과 대학원에 다니고 있을 때였다. 내가 연구실에서 꾸벅꾸벅 졸고 있었으니 아마 세 시쯤 되었을 거다. 한 친구가 연구실 문을 벌컥 열고 들어오며 이렇게 소리쳤다.

"야, 별 쏘러 가자!"

잠이 확 달아났다. 그 친구의 목소리가 커서가 아니다.

'오, 관측하러 가자는 말을 저렇게 할 수도 있구나.'

표현이 너무나 근사해서 놀랐다.

이 사건이 있은 뒤 나는 천문학자들을 '별을 쏘는 사람들'이라고 불렀다. 그리고 나이를 먹으면서 내게 '별을 쏘는'의 의미는 더 넓어져 천문학자만이 아닌 더 많은 사람을 가리키는 말이 되었다.

이미 짐작하고 있겠지만 별을 쏜다는 것은 별을 조준하여 본다는 뜻이다. 그럼 무엇으로 별을 쏠까? 천문학자들의 무기는 망원경이다. 천문학자들은 희미한 별빛을 조금이라도 더 모으려고 기술이 허락하는 한 아주 큰 망원경을 만든다. 큰 망원경은 성능 좋은 컴퓨터와 연결되어 있어 대부분 자동으로 움직이고 관측 자료도 바로 컴퓨터에 저장한다. 그러나 이 모든 시스템은 비나 눈이나 뜨거운 태양 빛의 공격을 이기지 못하기 때문에 과학자들은 커다란 뚜껑을 만들어 씌웠다. 돔이라고 불리는 뚜껑 역시 컴퓨터와 연결되어 있어 망원경이 볼 하늘이 정해지면 알아서 그쪽 방향을 열어 준다. 망원경과 컴퓨터와 돔이 하나의 시스템을 이룬 것, 이것이 바로 천문대다.

이 책의 1장에는 천문학자들이 별을 쏘기 위해, 하와이 마우나케아 꼭대기와 칠레 사막에 세운 천문대 이야기를 담았다. 4,000미터가 넘는 죽은 화산 마우나케아 꼭대기에서 천문학자들은 어떤 망원경을 가지고 무슨 일을 하고 있을까?

천문학자들은 우리 눈이 볼 수 있는 빛인 가시광선으로 우주를 보는 것은 무언가 부족하다고 느끼고 공격주파수를 바꾸었다. 전파로 우주를 보려는 것이다. 천문학자들이 전파 망원경을 들고 찾아간 곳은 지구상에서 가장 건조하다는 칠레 아타카마 사막. 참 살기 힘든 곳만 찾아간다.

1장을 읽다 보면 별을 쏘는 사람들이라는 말의 느낌이 좀 달라질 것이다. 별을 쏜다니, 누가 들으면 마치 천문학자들이 별을 사냥하듯 마음대로 가지고 노는 줄 알겠지만 사실은 정반대다. 자연이 허락하지 으면 천문학자들은 별을 볼 수 없다. 우주의 모든 천체는 그 자리에 있다가 마음이 내키면 인간에게 그 모습을 잠깐 보여 준다. 그 순간을 위해 천문학자들은 온갖 장비를 갖추고 눈을 커다랗게 뜬 채 기다리고 있다. 그러다 그때가 오면 언제 이런 기회가 또 있나 싶어 부지런히 별빛을 모은다. 1장에 붙은 제목처럼.

어쩌면 별을 쏜다는 것은 성공적인 관측을 하고 싶다는 천문학자들의 간절한 바람을 표현한 말이 아닐까.

2장에서는 별을 쏘는 이유에 대해 생각해 보았다.

천문학자들이 별을 열심히 보는, 아니 쏘는 이유는 뭘까? 별을 열심히 본다고 우리 생활이 더 나아지거나 전쟁이 없어지는 것도 아닌데 말이다.

사람들이 우주에 관심을 가지는 것은 원초적인 호기심 때문이다. 그냥 우주에 대해 알고 싶은 것이다. 지구를 벗어난 다른 곳에서는 무슨 일이 벌어지고 있을까? 우리는 지구에서 생겨나 지구에서 살다가 그냥 사라지게 되는 걸까? 지구 생명체가 모두 사라지면 우주에는 아무런 생명체도 남지 않는 걸까?

이런 질문은 꼬리에 꼬리를 물고 결국 다음과 같은 질문에 도착한다.

과연 이 우주에는 우리밖에 없는 걸까?
상상도 할 수 없는 이 넓은 우주에 달랑 우리만 있는 걸까?
그리고 이렇게 묻는다.
혹시, 외계 생명체가 있지 않을까?
다음으로 이렇게 믿는다.
그래, 아마 있을 거야!

우주를 연구하는 목적 가운데 가장 흥미로운 것은 우주에서 우리의 친구가 될 다른 존재를 찾는 것이다.
그래서 천문학자들은 외계 생명체를 찾기 위해 태양이 아닌 다른 별을 도는 외계 행성을 주목했다. 태양만 한 별과 그 둘레를 도는 지

구만 한 외계 행성, 그런 곳이라면 우리 같은 생명체가 있을 확률이 크다.
　이런 외계 행성 찾기를 수십 년, 천문학자들은 과연 무엇을 찾았을까?
　천문학자들은 망원경에 매달려 오늘도 열심히 별을 쏘고 있다. 하지만 천문학자들이 진정 원하는 것은 우주 어딘가에 있는 외계 생명체가 지구를 봐 주는 것이다. 그래서 오늘도 외치고 있다.
　거기 누구 없나요? 여기는 지구…….

　3장에는 천문학에 얽혀 살아가는 사람들의 이야기를 소개했다.
　외계 신호를 수십 년째 기다리는 사람들의 이야기와 외계 행성을 찾기 위해 전 세계에 흩어져 있는 69명의 천문학자들이 돌아가며 관측한 이야기를 소개했다. 태양의 비밀을 밝히기 위해 커다란 풍선을 들고 남극으로 간 천문학자, 고물로 첨단 장비를 만드는 사람들, 우주의 비밀을 캐느라 고생한 조선 시대의 학자들도 소개했다. 또 사람으로 치면 환갑이 넘은 나이에 지친 몸을 이끌고 묵묵히 임무를 수행하는 우주 탐사선의 이야기도 있다. 우주 탐사선은 사람은 아니지만 누구보다 훌륭한 천문학자다.

  외계 신호를 기다리거나 외계 행성을 찾는 일에는 학위가 없는 아마추어 천문학자들도 많이 참여하고 있다. 전문 교육을 받은 천문학자만 별을 쏘는 것은 아니라는 이야기다.

  첨단 장비라면 대부분 볼품없이 생겼다. 처음 만들어지는 데다 살 사람이 많지 않기 때문에 멋지게 만들 필요가 없다. 이런 장비는 천문학자가 아닌 공학자들이 쓰다 남은 부품들이 정신없이 쌓여 있는 작업실에서 만든다. 공학자들이 아니면 천문학자들은 제대로 장비를 갖추기 어렵다.

  우주에 대한 호기심을 풀기 위해 멋지게 별을 쏘는 일을 천문학자만 하는 것은 아니다. 사는 시대가 다르고, 성별이 다르고, 프로 천문학자가 아니더라도 아득한 우주를 보며 가슴이 뛴다면 모두 별을 쏘는 사람이다.

결코 쉽지 않은 이야기를 재미나게 만드느라 유머 가득한 그림을 그려 준 송진욱 작가와 편집하느라 고생한 전소현 씨에게 고마움을 전한다. 글 작가와 그림 작가를 올바른 길로 인도(?)하느라 애쓴 전소현 씨가 있었기에 훌륭한 책이 나올 수 있었다. 송진욱 작가의 익살스러운 그림과 재기 발랄한 대사가 있었기에 책이 더 풍부해진 것이 확실하다.

항상 내 글의 첫 독자가 되어 주는 남편과 만족을 모르는 까다로운 독자인 민지, 민우에게도 고마움을 전한다.

이지유

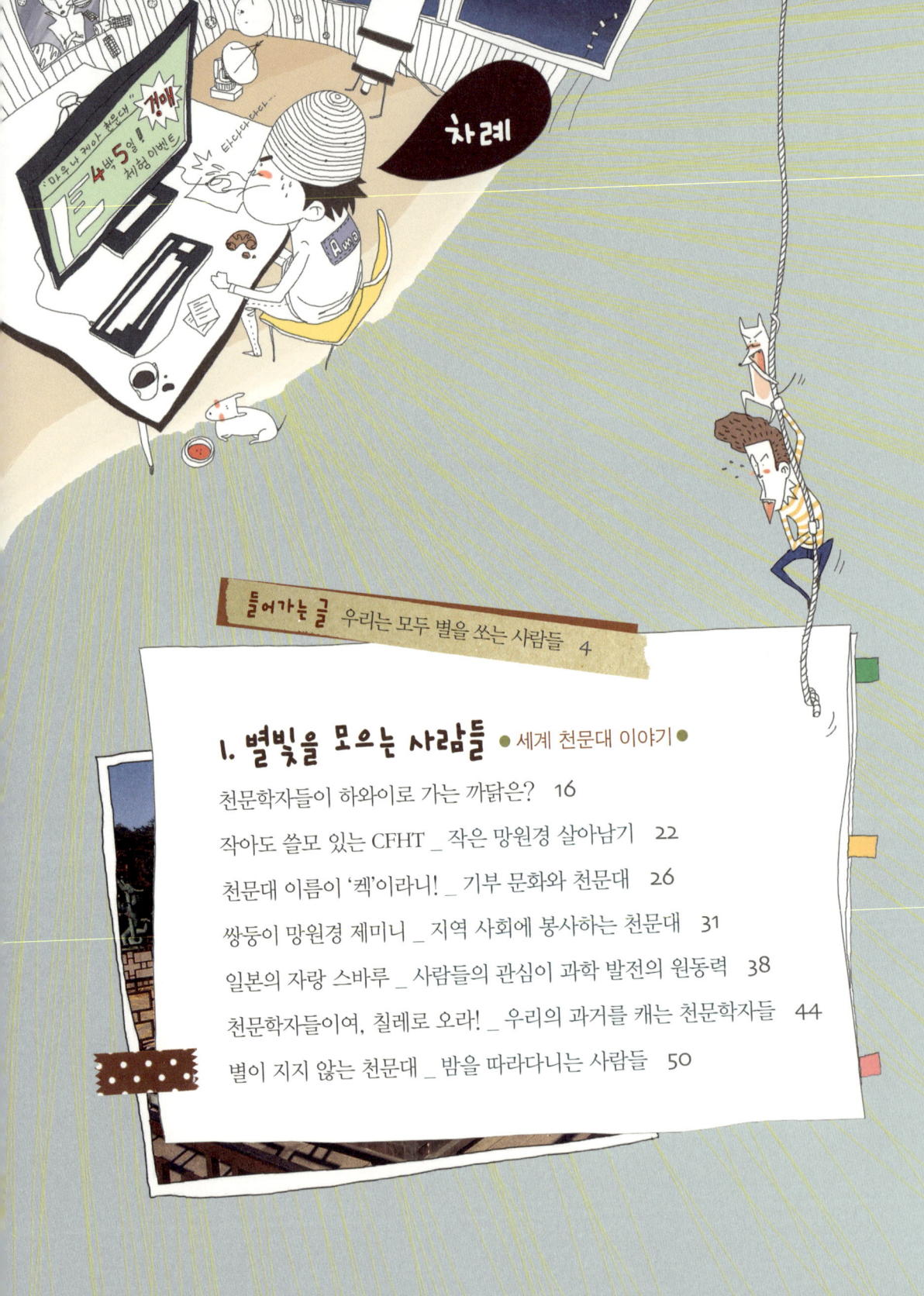

들어가는 글 우리는 모두 별을 쏘는 사람들 4

1. 별빛을 모으는 사람들 ● 세계 천문대 이야기 ●

천문학자들이 하와이로 가는 까닭은? 16

작아도 쓸모 있는 CFHT _ 작은 망원경 살아남기 22

천문대 이름이 '켁'이라니! _ 기부 문화와 천문대 26

쌍둥이 망원경 제미니 _ 지역 사회에 봉사하는 천문대 31

일본의 자랑 스바루 _ 사람들의 관심이 과학 발전의 원동력 38

천문학자들이여, 칠레로 오라! _ 우리의 과거를 캐는 천문학자들 44

별이 지지 않는 천문대 _ 밤을 따라다니는 사람들 50

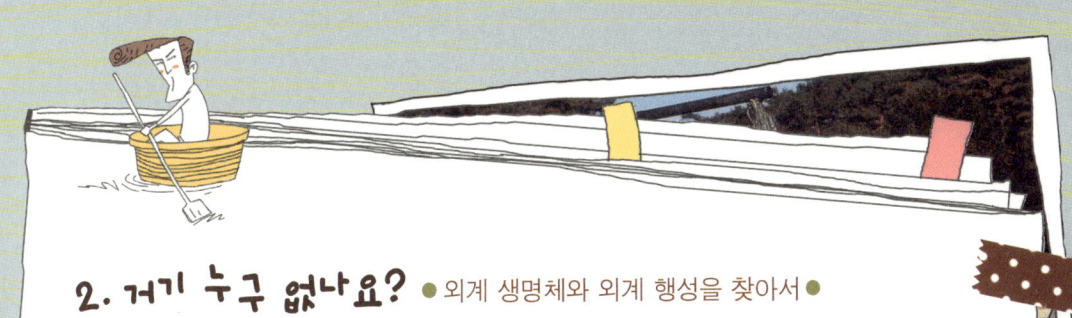

2. 거기 누구 없나요? ● 외계 생명체와 외계 행성을 찾아서 ●

아레시보에서 보낸 편지 58 | 미래의 지구, 금성에 생명체가 있을까? 64

거기 누구 없나? 화성 생물 나와라, 오버! 70

거대 행성의 위성을 노려라! 78 | 외계 생명체를 찾아라! 84

행성 사냥 90 | 우주의 비단길 96

3. 별을 쏘는 사람들 ● 별을 쏘는 특별한 방법 ●

아레시보에서 받을 편지 104 | 69명의 천문학자가 쓴 논문 109

우주선 노화 극복 프로그램 115 | 뉴트리노를 잡는 사람들 121

쓰레기통 속의 천문학자들 128

소행성으로 다시 태어난 조선 시대의 천문학자들 133

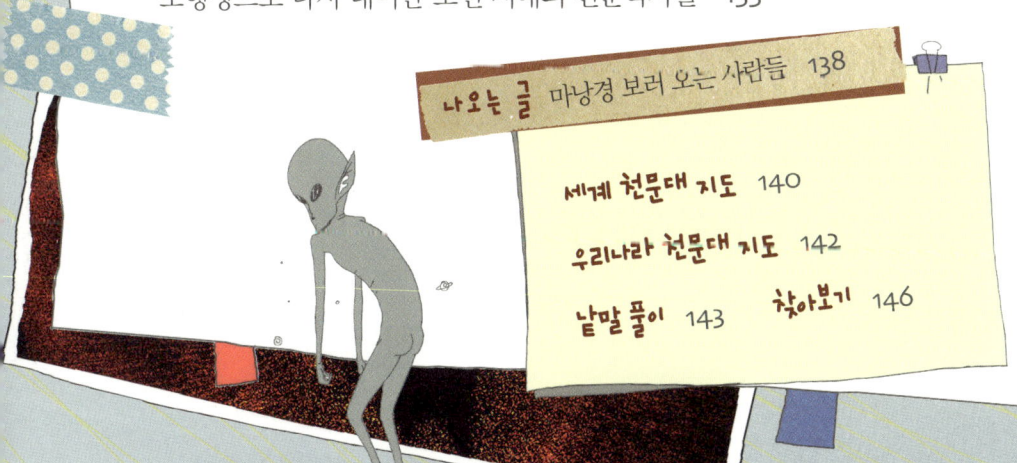

나오는 글 마낭경 보러 오는 사람들 138

세계 천문대 지도 140

우리나라 천문대 지도 142

낱말 풀이 143   찾아보기 146

1. 별빛을 모으는 사람들

● 세계 천문대 이야기 ●

천문학자들이 하와이로 가는 까닭은?
작아도 쓸모 있는 CFHT _작은 망원경 살아남기
천문대 이름이 '켁'이라니! _기부 문화와 천문대
쌍둥이 망원경 제미니 _지역 사회에 봉사하는 천문대
일본의 자랑 스바루 _사람들의 관심이 과학 발전의 원동력
천문학자들이여, 칠레로 오라! _우리의 과거를 캐는 천문학자들
별이 지지 않는 천문대 _밤을 따라다니는 사람들

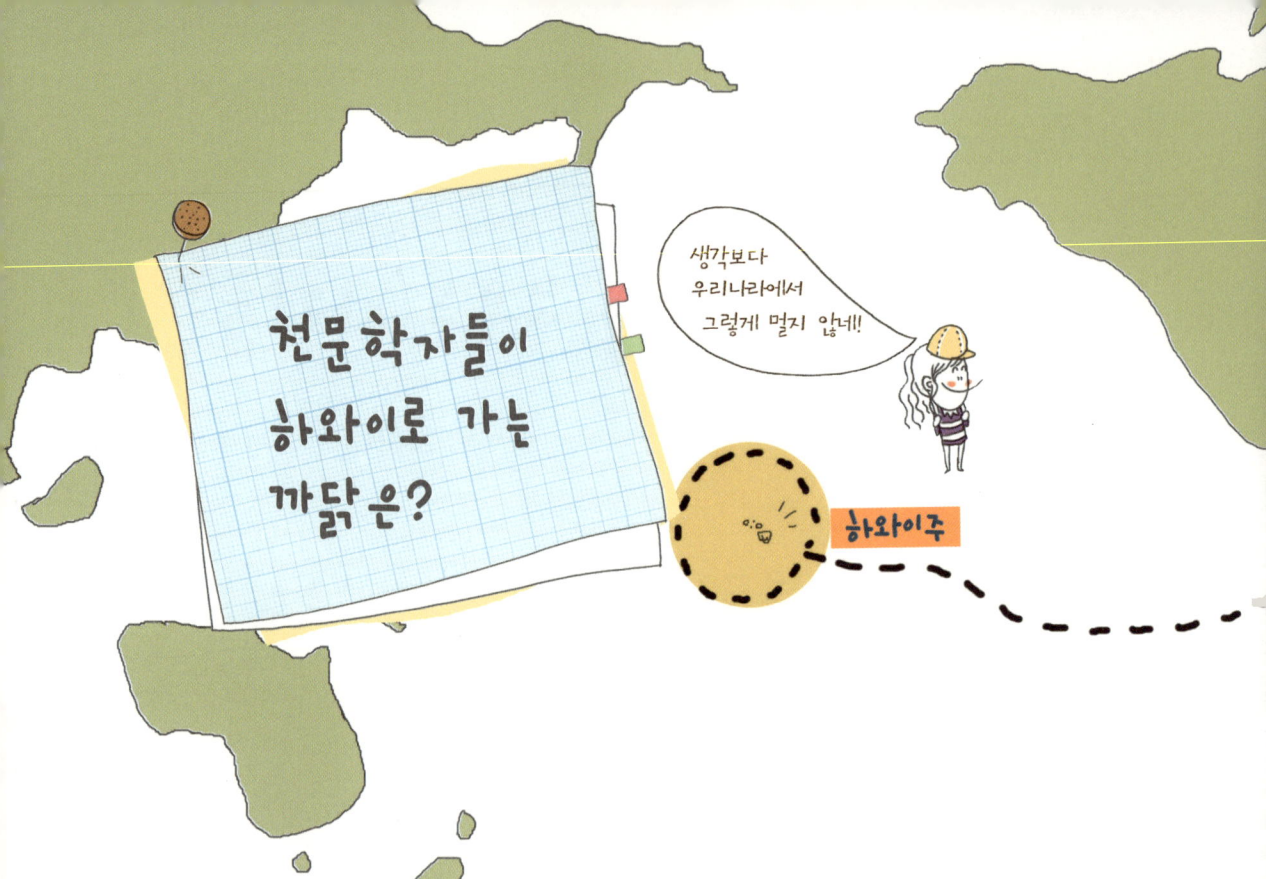

　여기서는 큰 소리로 떠들거나 노래를 불러서는 안 됩니다. 뛰어다녀도 안 되고 춤을 춰도 안 됩니다. 술을 마시는 것은 물론 안 되고 담배도 피우면 안 됩니다. 끈 달린 슬리퍼나 반바지를 입어도 안 됩니다. 그리고 아직 열여섯 살이 안 된 청소년이나 어린이는 올 수 없습니다. 못하는 것이 너무 많지요? 여기가 어디일까요?

　여기는 해발 4,200미터, 태평양 한가운데 있는 하와이섬의 마우나케아 산꼭대기입니다. 우리나라 남쪽에서 가장 높은 한라산이 1,950미터이니 4,200미터면 한라산보다 두 배나 높습니다. 산이 높아서 그런지 구름들이 대부분 산꼭대기 밑에 있고, 공기가 맑아서 1년 365일 가운

데 300일이나 맑은 하늘을 볼 수 있습니다. 이 작은 지구에 앉아 넓은 우주를 들여다보려는 천문학자들에게는 그야말로 꿈과 같은 장소입니다.

마우나케아 꼭대기는 북반구에서 가장 하늘을 보기 좋은 곳입니다. 그래서 이곳에는 크고 작은 망원경을 갖춘 천문대가 여러 개 있습니다. 날씨가 좋은 것은 물론 시설 또한 좋아서 천문학자라면 누구나 한 번쯤 와서 관측을 해 보고 싶어 하는 곳이기도 합니다.

하지만 산이 높아서 생기는 문제도 있습니다. 우선 산꼭대기에는 산 아래와 비교했을 때 공기가 60% 정도밖에 없습니다. 우리가 생활하는 곳에 비하면 거의 절반 가까이 공기가 부족하지요. 그래서 이곳에서는 급하다고 뛰거나 큰 소리로 떠들면 아주 힘이 듭니다. 우리 몸은 뛰거나 소리를 지르면 더 많은 산소를 필요로 하는데, 이곳에는 그 정도로 충분한 산소가 없기 때문입니다. 몸이 약한 사람이나 어린이들은 한번 숨이 차면 다시 제대로 숨을 쉬는 데 시간이 아주 오래 걸립니다.

바다 한가운데 있는 섬이지만 높이가 높다 보니 공기가 아주 건조합니다. 그래서 구름이 생기거나 하늘이 흐려지는 일이 거의 없습니다.

하지만 이렇게 건조한 것은 사람에게는 아주 좋지 않습니다. 우리 몸은 70%가 물로 이루어져 있어서 주변에 수분이 적당히 있어야 정상적으로 행동하고 살아갈 수가 있습니다. 또 이곳에 오래 있으면 숨 쉴 때 코가 시큰거리고 쉽게 피로해집니다.

하와이는 겨울이 없고 눈도 안 오지만 마우나케아 꼭대기는 여름에도 춥고, 겨울에는 눈도 옵니다. 하와이 말로 '마우나'는 '산'이라는 뜻이고, '케아'는 '희다'라는 뜻입니다. 곧 마우나케아란 '하얀 산'이라는 뜻이지요. 1년 열두 달 계속 여름인 이곳 하와이에서 눈을 볼 수 있는 곳은 오직 마우나케아 꼭대기뿐이라 이런 이름이 생겼나 봅니다. 그러니 아무 준비도 없이 해변에서 놀던 차림으로 이곳에 오게 되면 차 밖으로 나와 보지도 못하고 바로 내려가야 합니다.

그럼 이렇게 사람이 생활하기 힘든 곳에서 천문학자들과 망원경을 조종하는 엔지니어들은 어떻게 버텨 나가고 있는 걸까요? 천문학자나 엔지니어들은 하루 종일 산꼭대기에 있지 않습니다. 해발 2,800미터쯤에 '할레 포하쿠'라

는 곳이 있는데, 이곳 숙소와 식당에서 잠을 자고 식사를 합니다. 산 밑에서 관측을 하러 올라오는 사람들도 반드시 할레 포하쿠에서 한 시간 이상 머무르며 몸이 높은 곳에서도 잘 견딜 수 있게 준비를 하고 꼭대기에 올라가야 합니다. 이렇게 준비를 하고 천천히 올라가도 그곳에 가면 어지럽고 머리가 멍할 뿐만 아니라 기억력도 떨어져 올바른 판단을 하기 어렵습니다. 만약 아무런 준비 없이 산에 올라간다면 정신을 잃고 바로 병원에 실려 갈지도 모릅니다.

할레 포하쿠
마우나케아 해발 2,800미터에 있는 쉼터.

　천문학자들이 관측을 하러 달려가는 곳은 어디나 견디기 힘든 곳입니다. 편안한 곳에서는 별이 제 모습을 보여 주지 않습니다. 그래서 천문학자는 강한 체력이 필요합니다. 몸이 튼튼할수록 어려운 환경에서도 일을 잘할 수가 있으니까요.

작아도 쓸모 있는 CFHT
● 작은 망원경 살아남기

자, 이번에는 마우나케아 꼭대기에 모여 있는 천문대 가운데 CFHT에 대한 이야기입니다. CFHT는 '캐나다(Canada)-프랑스(France)-하와이(Hawaii)-망원경사업단(Telescope)'이라는 말의 앞 자를 따서 만든 말입니다. 캐나다와 프랑스와 하와이가 함께 이 천문대를 짓고 운영한다는 뜻이지요.

1979년 CFHT는 마우나케아 꼭대기에서 가장 좋은 자리에 자리를 잡고 문을 열었습니다. 여기에는 지름이 3.6미터인 망원경이 둥근 돔 안에 들어 있습니다. 우리나라에서 가장 큰 망원경이 보현산 천문대에

CFHT 천문대

있는 망원경인데, 지름이 1.8미터이니까 CFHT의 망원경은 보현산 천문대에 있는 망원경보다 지름이 딱 두 배 큰 망원경입니다.

여기까지 이야기를 하면 CFHT에 있는 망원경이 아주 큰 것 같지만 사실은 주변에 있는 다른 천문대의 망원경에 비하면 그다지 큰 것도 아닙니다. 바로 옆에 있는 켁 천문대에는 지름이 10미터나 되는 망원경이 있습니다. CFHT의 망원경보다 거의 세 배나 큰 망원경이에요. 그 옆에는 일본에서 세운 스바루 망원경과 세계 여러 나라가 협동해서 만든 제미니 망원경이 있는데 둘 다 8미터급 망원경입니다.

이렇게 큰 망원경들이 이웃에 들어서기 전까지 CFHT의 망원경은 마우나케아에서 가장 인기 있는

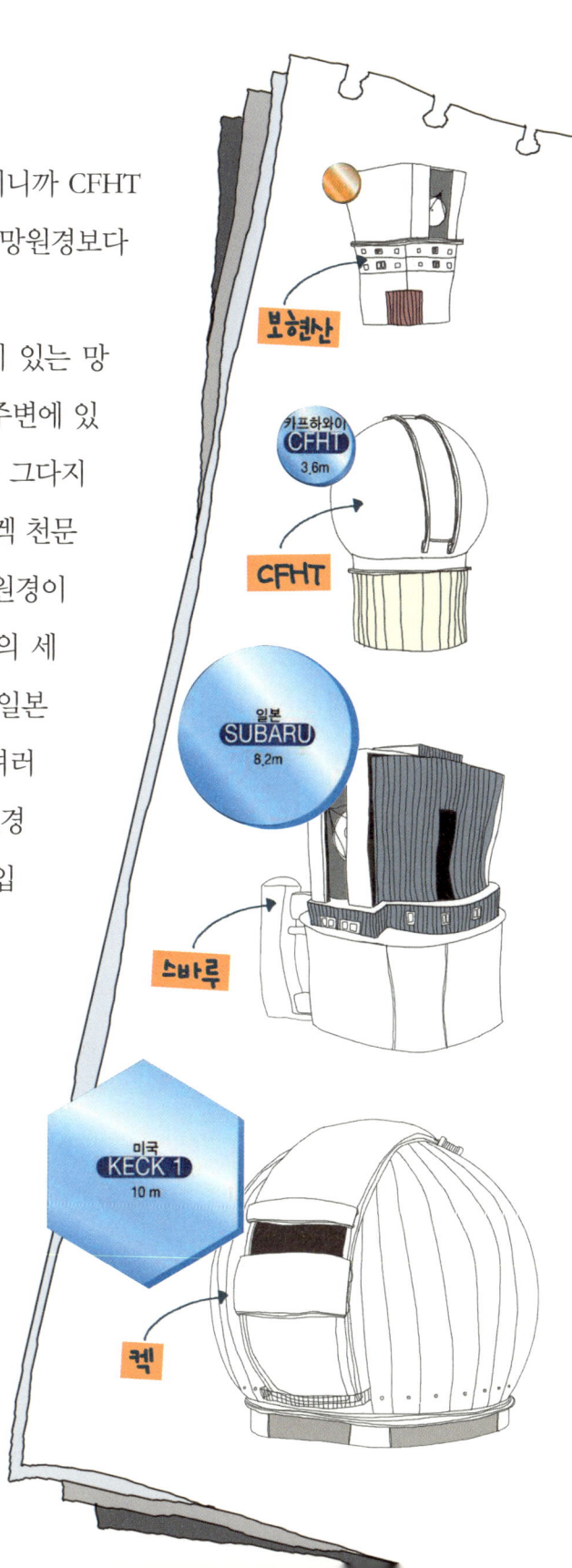

마우나케아에 있는 천문대와 보현산 천문대
왼쪽에 있는 둥근 것은 돔 안에 있는 망원경 렌즈의 크기를 나타낸 것이다.

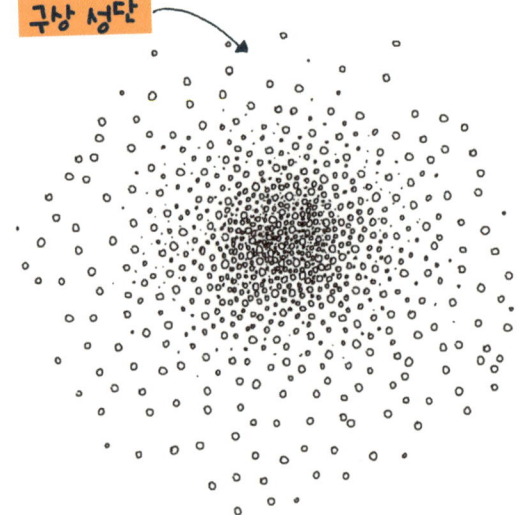

구상 성단

망원경이었습니다. 하지만 주변에 더 큰 거인 망원경들이 들어서자 상대적으로 CFHT 망원경의 인기는 줄어들고 말았습니다. 망원경이 크면 그만큼 빛을 많이 모을 수 있고, 빛을 많이 모으면 우주를 더 자세히 볼 수 있기 때문에 요즘은 너나 할 것 없이 모두 큰 망원경을 만들려고 합니다.

하지만 우리나라에 있는 보현산 천문대 망원경이나 CFHT의 망원경처럼 상대적으로 작은 망원경을 더 사랑하는 사람들이 있습니다. 바로 성단과 은하단을 관측하는 천문학자들입니다.

망원경이 크면 보고자 하는 것을 더 자세히 볼 수는 있지만 좁은 지역밖에 볼 수가 없습니다. 따라서 별들이 우글우글 모여 있는 성단을 관측하는 천문학자들은 큰 망원경을 사용할 수 없습니다. 넓은 지역에 퍼져 있는 외부 은하단을 관측해야 하는 천문학자들도 큰 망원경을 사용할 수 없습니다. 큰 망원경은 넓은 구역을 한꺼번에 보여 주지 못하기 때문입니다.

 반대로 작은 망원경은 큰 망원경만큼 대상을 자세히 볼 수는 없지만 넓은 지역을 한꺼번에 볼 수 있습니다. 얻는 것이 있으면 잃는 것이 있는 법! 세상에 모든 것을 만족시키는 망원경은 없습니다.

 주변에 아무리 큰 망원경이 들어서도 CFHT의 망원경이 천문학자들의 사랑을 받고 있는 것은 바로 이런 가치 때문입니다. CFHT에서 일하는 사람들은 CFHT 망원경의 이런 장점을 최대한 살리기 위해 여러 가지 연구를 하고 있습니다.

 사람과 물건의 가치란 누가 만들어 주는 것이 아니고 스스로 만드는 거니까요.

천문대 이름이 '켁'이라니!
● 기부 문화와 천문대

하와이섬의 마우나케아 산꼭대기에 자리 잡고 있는 천문대 가운데, 두 번째 주인공은 W. M. 켁 천문대입니다. 이름이 좀 이상하지요? 그 많은 이름 가운데 하필이면 '켁'이라니 말입니다.

마우나케아에 있는 다른 천문대와 달리 W. M. 켁 천문대는 돔이 두 개 있습니다. 각각의 돔에는 똑같이 생긴 켁 I, 켁 II 망원경이 들어 있습니다.

이 두 망원경은 세계에서 가장 큰 망원경입니다. 망원경 안에 들어

켁 천문대

있는 렌즈의 크기가 무려 10미터나 됩니다. 10미터면 아파트 3층 높이에 해당하는 크기랍니다. 렌즈 크기만 이렇게 크니 망원경 전체는 물론 망원경이 들어 있는 돔도 엄청나게 커서 돔 안에 들어가 위를 쳐다보면 사람이 무척 작은 존재처럼 느껴집니다.

켁 망원경이 더욱 유명해진 까닭은 이렇게 큰 렌즈를 만든 방법이 특이해서입니다. 뭐가 특이하냐고요?

10년 전만 해도 지름이 10미터인 렌즈를 얇게 만들 수 있는 기술이 없었습니다. 지름이 커지면 그에 따라 두께도 두꺼워져야 하는데, 두껍고 큰 망원경 렌즈는 수백 톤이 나가는 아주 크고 무거운 유리 덩어리와 같습니다. 그러면 이 렌즈를 받치고 이리저리 돌려야 하는 망원경 또한 크고 무거워질 거예요. 그런데 렌즈가 너무 크고 무거우면 서 있을 때와 누워 있을 때 모양이 달라집니다.

1.8m
10m

켁 망원경 렌즈 모양

사람들은 이 문제를 어떻게 해결할 것인가 고민하다 벌집 모양으로 생긴 렌즈를 만들기로 했습니다. 지름 1.8미터인 육각형 렌즈를 36개 만들고, 그것들을 이어 지름이 10미터인 커다란 육각형 렌즈를 만들었어요.

작은 육각형 조각들은 비교적 얇게 만들 수 있기 때문에 망원경의 무게를 많이 줄일 수가 있었습니다. 또 렌즈의 모양이 달라지는 것도 어느 정도 막을 수가 있었어요. 이렇게 해서 세계에서 가장 큰 망원경이 태어나게 된 거지요.

켁 망원경은 한마디로 보현산 망원경 렌즈 36개로 만든 망원경인 셈입니다. 이런, 우리나라 망원경이 너무 작다고 실망하는 것 같군요. 그러나 지난번에도 이야기했듯이 작은 망원경은 작은 대로 얼마든지 쓸모 있다는 것을 잊으면 안 됩니다. 세상에 있는 모든 것은 쓸모 있기 때문에 존재하는 거니까요.

자, 이제 망원경 이름이 왜 켁이 되었는지 그 궁금증을 풀어 볼까요?

무슨 일을 하자면 돈이 들기 마련입니다. 엄청난 크기의 이런 망원경을 한 개도 아닌 두 개나 만드는 데는 돈이 많이 필요합니다. 안타깝게도 천문학자들은 이런 망원경을 만들 만큼 큰돈이 없습니다. 하지만 실망할 필요는 없습니다. 바로 '기부'라는 제도가 있기 때문입니다.

W. M. 켁 천문대는 W. M. 켁 재단이 캘리포니아 공과대학에 기부한 1천8백억 원이 없었다면 짓기 어려웠을 것입니다.

아하, 그래서 천문대 이름이 W. M. 켁 천문대가 된 것이로군요.

W. M. 켁 재단은 석유 사업으로 성공한 윌리엄 마이런 켁이 1954년 설립한 것인데, 의학, 과학, 공학의 발전을 위해 연구 단체에 돈을 기부하는 일을 해 오고 있습니다.

기업은 기업대로 연구 단체에 돈을 기부함으로써 큰 광고 효과를 얻

게 되는 것은 물론 국가에 내야 하는 세금도 줄일 수가 있었습니다. 우리나라 사람 가운데 미국에 켁이라는 사업가가 있었다는 것을 아는 사람이 얼마나 되겠습니까? 하지만 천문학에 관심이 있는 사람이라면 켁 천문대는 한 번쯤 들어 봤을 것입니다.

시카고의 철도왕 찰스 타이슨 여키스가 돈을 기부해 만든 여키스 천문대, 앤드류 카네기가 돈을 기부해서 만든 윌슨산 천문대, 존 록펠러가 돈을 기부해서 만든 팔로마산 천문대, 이들 모두 천문대를 지음으로써 자신의 이름을 남기게 되었습니다.

불과 150년 전만 해도 기초 과학에 몰두하는 과학자들은 자신에게 후원금을 주는 귀족을 찾는 것이 쉽지 않았습니다. 이런 사정은 지금도 비슷합니다. 연구 결과가 금방 나타나기 어려운 기초 과학의 경우, 연구가 끝날 때까지 참고 돈을 기부해 주는 누군가가 있어야 합니다. 그 누군가는 국가가 될 수도 있고, 돈을 많이 번 기업이 될 수도 있을 거예요.

우리나라에 있는 한국 천문 연구원도 국가에서 돈을 받아 연구를 합니다. 그러니 이 글을 읽고 있는 여러분도 우리나라 천문학의 발전을 위해 돈을 기부하고 있는 '누군가' 가운데 하나인 셈입니다. 국가가 한국 천문 연구원에 주는 돈은 우리가 낸 세금에서 나오는 거니까요.

　얼마 전, 경매 사이트 이베이에 재미있는 상품이 올라왔습니다. 뭐냐고요? 바로 하와이 마우나케아에 있는 켁 천문대에서 4박 5일 동안 천문학자와 함께 똑같이 생활할 수 있는 기회를 준다는 상품이었습니다. 일반 사람들에게 공개하지 않는 천문대에서, 그것도 4박 5일 동안 천문학자들을 그림자처럼 따라다닐 수 있다는 조건은 아마추어 천문가들의 구미를 당기기에 충분했습니다. 결국 이 상품은 경매에 열심히 매달렸던 아마추어 천문가 두 명에게 1만 6천 달러, 우리 돈으로 2천만 원에 낙찰이 되었습니다. 대신 실제로 쓰이는 경비를 뺀 나머지 돈은 관련 천문 학술 단체에 기부하기로 되어 있었습니다.

이 소식을 전해 들은 이웃 천문대들은 '우리도 돈이 필요한데……'라고 생각하며 재미있게 이 일을 지켜보았다고 합니다.
　이와 비슷한 시기에 켁 천문대 옆에 있는 제미니 천문대에서는 '여섯 별 선생님' 프로그램을 발표했습니다. 제목만으로는 무슨 내용인지 전혀 짐작이 안 간다고요?
　이 프로그램을 설명하기 전에 우선 제미니 망원경에 대해서 이야기해 줄게요. 제미니는 신화 속의 쌍둥이로 겨울 별자리 가운데 하나입니다. 사이좋은 형제였다는 것을 증명이라도 하듯 형제 둘이 나란히 붙어 있는 별자리예요.

　망원경에 제미니라는 이름을 붙인 것은 말 그대로 망원경이 두 개 있기 때문입니다. 모습도 기능도 같은 망원경이지요. 다만 별자리와 다른 점이 있다면 하나는 하와이에, 나머지 하나는 칠레에 떨어져 있다는 것입니다. 그런데 왜 쌍둥이 망원경을 나란히 두지 않고 멀리 떨어뜨려 놓았을까요?

　우리처럼 북반구에 사는 사람들은 북쪽 하늘밖에 보지 못합니다. 오스트레일리아에 사는 사람들은 거꾸로 남쪽 하늘밖에 못 보지요. 우리는 오스트레일리아나 칠레 남쪽에 가기 전에는 남십자성이나 오메가 센타우리같이 남반구 하늘에 있는 천체를 볼 수가 없습니다. 반대로 오스트레일리아에서는 죽었다 깨어나도 북극성을 볼 수 없어요. 지구인은 절대 북반구 하늘과 남반구 하늘을 한번에 볼 수 없습니다.

하지만 천문학자들은 모든 하늘을 다 관측해야 합니다. 북반구에서 태어났다고 북반구 하늘만 연구할 수는 없는 일이지요. 그래서 만든 것이 제미니 천문대입니다.

제미니 천문대는 미국, 영국, 캐나다, 브라질, 칠레, 오스트레일리아, 아르헨티나가 함께 만든 천문대입니다. 남반구와 북반구에 흩어져 있는 이 나라들이 함께 망원경을 만들어 하나는 북반구인 하와이에, 또 하나는 남반구인 칠레 중앙에 가져다 놓았습니다. 모두 날씨가 좋기로 유명한 곳이에요.

망원경이 이렇게 두 곳에 있으니까 북쪽 하늘과 남쪽 하늘을 동시에 관측할 수 있고, 그 자료를 천문학자들이 모두 볼 수 있으니까 일부러 관측을 하러 먼 나라까지 갈 필요가 없습니다. 또 인터넷 덕분에 자료를 나누어 가지는 것도 더욱 쉬워졌습니다.

제미니 천문대는 여러 나라가 같이 만든 천문대이니만큼 천문대에서

제미니 천문대(칠레)

제미니 천문대(하와이)

일하는 사람들은 각기 다른 문화와 언어를 이해하려고 노력을 많이 합니다. 앞에서 말한 여섯 별 선생님 프로그램도 그런 노력의 결과로 만들어진 겁니다.

자, 그럼 여섯 별 선생님이 무슨 프로그램인지 알아볼까요?

우선 하와이에서 세 명, 칠레에서 세 명 교육 경력이 풍부한 선생님을 뽑았습니다. 물론 초, 중, 고등학교에서 골고루 한 명씩, 과학과 수학을 가르치는 선생님들입니다. 선생님들은 화상 회의를 통해 서로 인사를 하고 자기들이 가르치는 교과 내용과 문화, 교육 제도에 대해 이야기를 나누었습니다. 그리고 상대방 국가를 방문해서 교사가 보고 느낀 것을 실시간으로 자기 나라 학생들에게 수업하기로 했습니다.

이 프로그램을 생각한 제미니 천문대는 이렇게 말합니다.

"이 프로그램으로 우리 기술이 전문인의 연구뿐 아니라 지역 사회의 교육과 서로 다른 문화를 이해하는 데 도움이 되기를 바랍니다. 더 나아가 많은 사람들이 우주에 더 많은 관심을 갖게 되기를 바랍니다."

렌즈의 지름이 8.1미터, 가시광선 영역뿐 아니라 세계에서 가장 깨끗한 적외선 영상을 볼 수 있다는 제미니 망원경에 대해 아는 사람은 얼마 되지 않습니다. 천문학자들이 천문대에서 무슨 일을 하는지 아는 사람도 별로 없습니다.

하지만 이런 프로그램 덕분에 하와이에 사는 사람들은 '저 산꼭대기에 있는 천문대와 천문학자들이 우리 아이들에게 뭔가를 해 주고 있구나.'라고 생각합니다.

또 지구 반대쪽 칠레 한가운데 저것과 똑같은 망원경이 있다는 사실도 알게 됩니다. 칠레에 있는 사람들도 마찬가지일 거예요.

우리가 아무리 애를 써도 쉽게 갈 수 없는 우주, 그 우주를 연구하는 것은 결국 지구에 발을 딛고 사는 우리들입니다. 지구인들끼리 서로 이해하지 못하고 알려고 노력하지 않는다면 우주에 대해서도 알 수 있는 것이 별로 없을 거예요. 그러니 제미니 망원경은 먼 우주뿐만 아니라 지구인들이 서로 이해하는 데 한몫하고 있는 것입니다.

일본의 자랑 스바루

● 사람들의 관심이 과학 발전의 원동력

무슨 스바루가 이렇게 많아? 누가 원조야?

마우나케아에 있는 천문대를 잘 보면 돔 모양이 좀 특이한 것이 하나 있습니다. 다른 것들은 둥근 공을 반 잘라 놓은 것 같은 모양인데, 이 천문대는 원기둥을 잘라 놓은 것처럼 생겼습니다. 바로 일본이 세운 스바루 천문대입니다.

스바루는 일본 국립 천문대 하와이 관측소에 있는 망원경의 별명입니다. 일본 국립 천문대가 주최한 공모전에 당선된 이름이 바로 스바루라고 합

산개 성단 플레이아데스
우리말로는 좀생이별, 일본 말로는 스바루라고 한다.

구상 성단

얘가 원조란다~

 니다. 일본에는 스바루라는 이름을 지닌 것이 많습니다. 자동차 가운데도 스바루라는 모델이 있고, 스바루라는 노래도 있습니다. 도대체 스바루는 무슨 뜻일까요?

 겨울에 보이는 황소자리 근처에는 별 대여섯 개가 오글오글 모여 있는 플레이아데스라는 성단이 있습니다. 서양 신화에 나오는 플레이아데스 일곱 자매 이름을 따다 붙인 산개 성단입니다. 성단은 한꺼번에 태어난 쌍둥이 별들이 모여 있는 천체인데, 공처럼 둥글게 생긴 것은 구상 성단, 제멋대로 생긴 것은 산개 성단이라고 합니다. 북한에서는 구상 성단을 둥근 별떼, 산개 성단을 널린 별떼라고 해요.

　이 플레이아데스의 일본 이름이 바로 스바루입니다. 우리나라에서는 좀생이별이라고 합니다.

　스바루 망원경은 제미니 망원경과 같은 8미터급 망원경입니다. 다른 망원경들이 그렇듯이 이 망원경도 아주 무겁고 예민해서 망원경을 조종하는 데 고급 기술이 필요합니다. 들리는 소문에 의하면 다른 8미터급 망원경보다 스바루 망원경의 성능이 좀 낮다고 하는군요. 아무튼 마우나케아에 있는 망원경 가운데 아시아에서 만든 천문대는 스바루 하나뿐인데, 그 망원경이 잘 돌아가고 있다니 같은 아시아인으로서 덩달아 기분이 좋습니다.

　그러니 일본 사람들은 어떻겠습니까. 일본 사람들이 스바루에 보이는 관심은 정말 대단합니다. 그런 관심이 스바루를 만들었다고 해도 지나친 말이 아니랍니다. 왜 그런지 한번 살펴볼까요?

　일본에는 아마추어 천문가들이 상당히 많습니다. 취미로 20인치(약 50센티미터) 망원경을 가진 사람도 많고, 일반인들에게 별을 보여 주는 작은 천문대도 200여 개나 있습니다. 이 가운데 몇몇 사람들은 새로운 혜성을 발견하는 행운을 누리기도 합니다. 하늘을 보는 사람이 많으니 새로운 천체를 발견하는 것은 당연한 일일 거예요. 또 자기 망원경으로 밝아졌다 어두워졌다 하는 변광성을 끈질기게 관측하기도 합니다.

　재미있는 것은 아마추어 천문가들이 자신이 발견한 사실을 프로 천문학자들이 참가하는 학술회의에서 발표할 수 있다는 점입니다. 학술대회를 주최하는 천문학자들은 천문 교육 프로그램을 따로 만들어서 아마추어 천문가들이 알아낸 것을 발표할 수 있게 해 줍니다.

사실 아마추어 천문가들은 물리와 수학을 바탕으로 우주를 연구하는 일은 할 수 없습니다. 하지만 하늘 보는 것이 좋아 밤새워 관측하다

보니 혜성 같은 천체를 찾을 확률은 오히려 프로 천문학자들보다 더 높습니다. 어쩌면 학생이나 일반 사람들에게 우주에 대한 호기심을 불러일으키고 궁금증을 풀어 주는 데는 물리와 수학에 바탕을 둔 전문적인 천문학자보다 아마추어 천문가들의 경험이 훨씬 교육적인 효과가 있을 것입니다. 그래서 프로 천문학자들은 이런 가치를 높게 평가하는 것입니다.

일본의 프로 천문학 역시 상당한 수준을 자랑하고 있습니다. 특히 별의 진화 부분에 많은 노력을 기울이고 있는데, 이런 노력 덕분에 별의 진화를 다룬 교과서에 '하야시 경로'라는 일본 사람의 이름이 붙은 학술 용어가 생길 수 있었습니다.

프로 천문학자들과 아마추어 천문가들의 이런 긴밀한 관계가 많은 사람들의 관심을 우주로 끌어들이고, 그 관심이 일본 천문학을 받쳐 주는 큰 힘이 되었습니다. 그 결과 오늘의 스바루가 탄생하게 된 거지요.

이것은 모름지기 과학 기술의 발전이란 연구 기관이나 대학에서 일하는 전문가들만 발버둥 친다고 되는 일이 아니라는 것을 잘 보여 주는 예입니다.

미국 항공 우주국(NASA)의 발전도 이와 비슷합니다. 미국 항공 우주국은 허블 우주 망원경이 찍은 영상을 누구나 볼 수 있게 인터넷에 띄우고 상업적인 목적이 아니라면 누구나 사용할 수 있게 해 줍니다.

결국 기초 과학의 발전은 보통 사람들의 관심을 바탕으로 이루어짐

니다. 그래서 한국 천문 연구원은 일반인 견학 프로그램을 만들고, 지질 자원 연구소는 공룡 화석을 가져다 자연사 박물관을 짓는 겁니다.

　우리나라에도 천문학에 관심을 갖는 사람들이 더욱 많아져 마우나케아에 첨성대 천문대가 생기면 얼마나 좋을까요.

천문학자들이여, 칠레로 오라!

● 우리의 과거를 캐는 천문학자들

칠레 정부는 온 세계 천문학자들에게 칠레가 천문 관측을 하기에 가장 좋은 곳이라고 광고를 합니다. 정말 그럴까요?

칠레는 세계에서 가장 긴 나라입니다. 서쪽은 태평양과 닿아 있고 동쪽은 안데스산맥으로 막혀 있습니다. 칠레 북쪽 아타카마 고원 지대는 지구에서 가장 건조한 곳입니다.

연평균 습도가 10%를 넘지 않으니 얼마나 건조한지 모릅니다. 이곳은 해발 2,000미터에서 5,000미터에 이르는 고원 사막 지대이기도 합니다. 생물이 살기 힘든 곳이다 보니 도시가 없습니다.

천문학자들이 가장 싫어하는 것은 별빛을 흡수하는

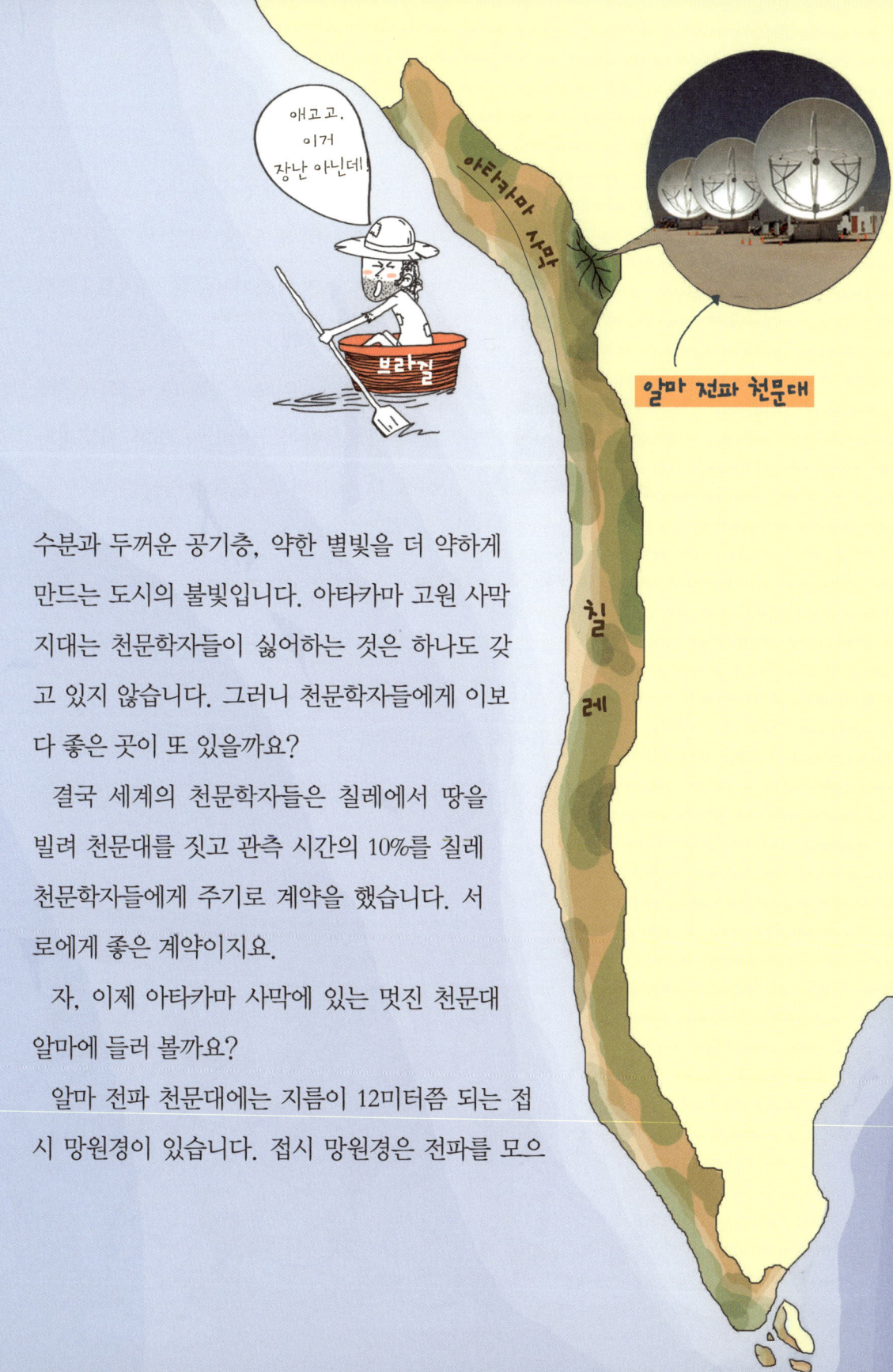

수분과 두꺼운 공기층, 약한 별빛을 더 약하게 만드는 도시의 불빛입니다. 아타카마 고원 사막 지대는 천문학자들이 싫어하는 것은 하나도 갖고 있지 않습니다. 그러니 천문학자들에게 이보다 좋은 곳이 또 있을까요?

결국 세계의 천문학자들은 칠레에서 땅을 빌려 천문대를 짓고 관측 시간의 10%를 칠레 천문학자들에게 주기로 계약을 했습니다. 서로에게 좋은 계약이지요.

자, 이제 아타카마 사막에 있는 멋진 천문대 알마에 들러 볼까요?

알마 전파 천문대에는 지름이 12미터쯤 되는 접시 망원경이 있습니다. 접시 망원경은 전파를 모으

〈콘택트〉 칼 세이건의 소설을 바탕으로 만든 영화. 주인공은 외계에서 온 신호대로 우주선을 만들어 우주를 여행한다.

기 때문에 전파 망원경이라고 부릅니다. 이 뜨거운 사막에 달랑 전파 망원경 하나만 있다면 구경거리가 못 될 거예요. 그런데 2012년 이곳에 이런 전파 망원경이 60개나 들어설 예정이라고 합니다. 영화 〈콘택트〉를 본 사람이라면 알마 전파 천문대가 어떤 모습이 될지 조금은 상상할 수 있을 겁니다. 주인공 조디 포스터가 황량한 사막 한가운데 있는데 주변에는 전파 망원경이 줄지어 서 있습니다. 조디 포스터가 외계에서 온 신호를 받던 바로 그 전파 망원경이에요.

천문학자들은 우주에서 오는 미약한 신호를 받으려면 망원경 하나로는 부족하다는 것을 잘 알고 있습니다. 그래서 수십 개를 모아 아주아

주 큰 망원경 한 대와 같은 역할을 하게 만들려는 겁니다. 알마 전파 천문대의 전파 망원경이 모두 제자리에 들어선 모습을 그린 그림을 보면 마치 라이온 킹에 나오는 미어캣 무리 같습니다. 앞발을 치켜들고 모두 한곳을 바라보는 동물 말입니다.

알마 전파 천문대가 있는 이곳은 해발 5,000미터라 공기는 바닷가의 반밖에 없습니다. 사람들은 뇌에 산소를 제대로 공급받지 못해 실수를 자주 하고 쉽게 예민해집니다. 그래서 엔지니어들은 이곳에 세계에서 가장 큰 공장을 짓고 그 안을 고압 공기로 채웠습니다. 덕분에 이곳 사람들은 산 아래 있는 것처럼 편하게 일을 할 수 있습니다. 단, 건물 밖으로 나갈 때는 작은 산소통을 들고 나가야 하고, 무슨 일이 있어도 뛰면 안 된답니다.

그런데 이렇게 불편한 곳에 천문학자들이 엄청난 돈을 들여 수십 개의 전파 망원경을 세우는 이유가 뭘까요?

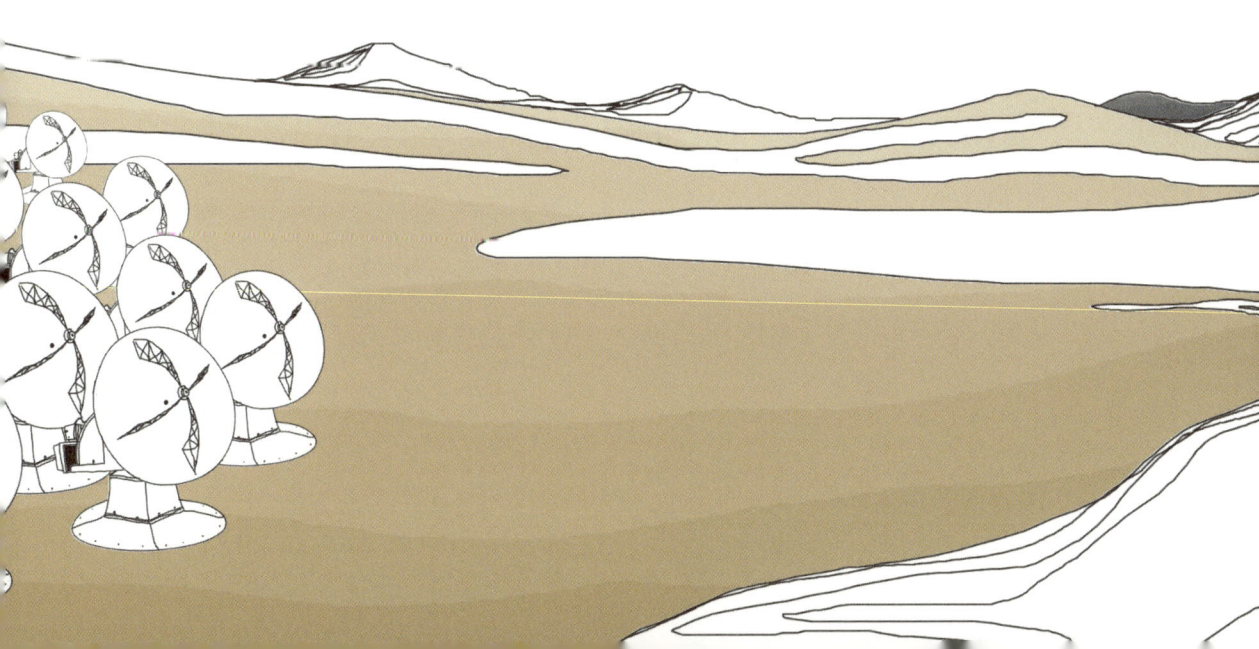

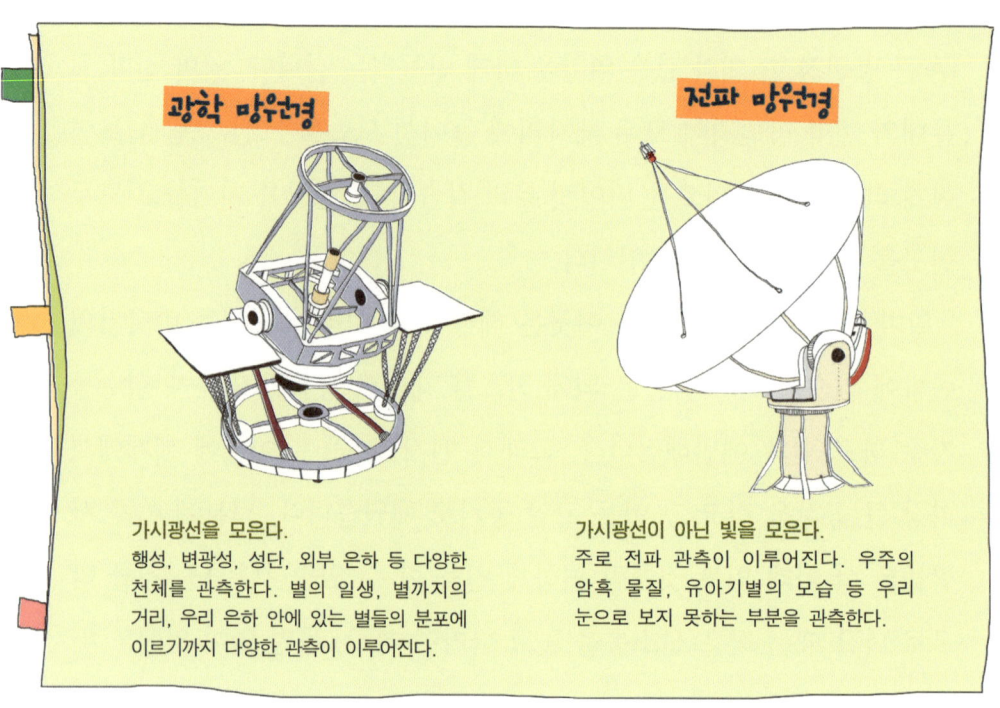

그럼, 전파 망원경으로 할 수 있는 일 가운데 하나를 소개해 볼게요.

천문학자들은 가시광선이 아닌 다른 파장으로 우주를 보고 싶어 합니다. 전파 망원경은 적외선보다 파장이 긴 빛으로 우주를 봅니다. 우리가 보지 못하는 것을 대신 보아 주는 셈이지요.

천문학자들 가운데는 별이 탄생하는 순간을 보고 싶어 하는 사람들이 있습니다. 막 탄생하는 별은 고치 속에 들어 있는 누에와 비슷합니다. 누에가 별이고 고치는 별을 둘러싸고 있는 두꺼운 가스층입니다. 별이 빛을 내기 시작하면 둘러싸고 있던 가스층을 빛으로 힘차게 걷어

냅니다. 그러나 막 태어난 별이 빛으로 가스를 모두 날려 버리기 전에는 아무것도 보이지 않습니다. 우리 눈과 같은 역할을 하는 광학 망원경으로는 말이에요. 그러나 전파 망원경으로는 볼 수 있습니다. 가스 속에 숨어 막 태어나려는 별을요.

어쩌면 막 태어나는 그 별이 태양과 같을 수도 있습니다. 천문학자들은 끈질기기 때문에 태양 같은 별이 지구 같은 행성을 거느리는 순간을 보게 될지도 모릅니다. 또 우리가 어떻게 여기까지 왔는지 다른 별을 통해 볼 수 있을지도 모릅니다. 그러면 우리가 생각해 온 태양과 지구의 역사가 맞는지 확인할 수 있을 거예요.

누구나 자기 뿌리를 알고 싶어 합니다. 우리가 어떻게 여기까지 왔는지 알고 싶어 하지요. 우주를 잘 연구하면 그 해답을 찾을 수 있을지도 모릅니다.

우리는 시험 보느라, 게임하느라, 맛있는 것 먹느라 이런 호기심이 있다는 것조차 잊고 사는지도 몰라요. 하지만 걱정하지 마세요. 지구의 천문학자들이 그런 호기심을 대신 풀어 주고 있으니까요.

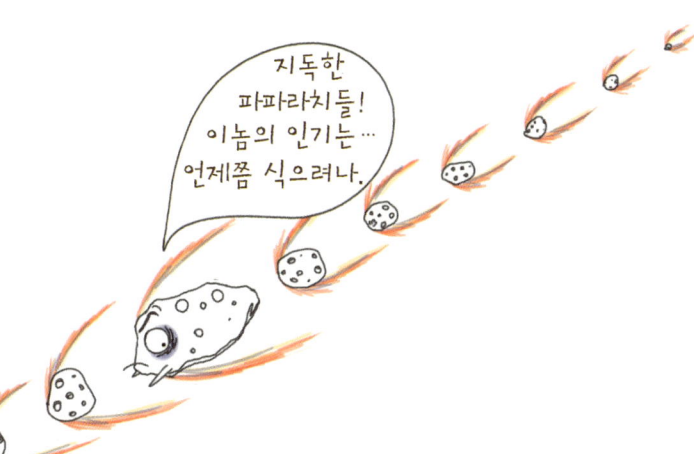

 1994년 7월 16일, 스페인 시에라네바다의 칼리알토산 천문대에 있는 천문학자들은 이제 곧 일어날 역사적인 사건을 보기 위해 해가 지기만을 기다리고 있었습니다. 오스트레일리아와 하와이에 있는 천문대들도 어서 밤이 오기를 기다리고 있었습니다. 우주에서는 이제 막 수리를 끝낸 허블 우주 망원경이 머리를 목성 쪽으로 돌리고 사건이 일어나기를 기다리고 있었고요.

 바로 슈메이커-레비9혜성이 목성을 향해 돌진하는 모습을 보기 위해서입니다. 이 보기 드문 우주 사건을 보기 위해 지구인이 만든 모든 망원경과 카메라가 목성을 바라보고 있었습니다. 스페인 칼리알토산 천문대가 가장 먼저 충돌 장면을 보는 목격자였어요.

원래 슈메이커-레비9혜성은 50억 년 가까이 태양계를 여행했었습니다. 태양계를 잘 여행하던 이 혜성은 어느 날 목성에 너무 가까이 가게 되었습니다. 목성은 태양계에서 가장 큰 행성으로, 나머지 행성을 모두 합해도 목성의 질량을 따라가지 못합니다. 어떠한 물체가 목성같이 큰 행성에 가까이 가면 목성에 가까운 쪽과 먼 쪽에서 받는 중력이 다릅니다. 결국 그 물체는 주욱 늘어나는 듯하다 깨져 버리지요. 슈메이커-레비9행성도 결국 수십 조각으로 깨져서 영원히 목성 주변에 머무를 것 같았습니다.

그런데 1993년 봄, 천문학자들은 이 조각난 혜성이 14개월 뒤에 목성으로 떨어질 거라는 사실을 알게 되었습니다. 만약 계산대로 그렇게만 된다면 이것은 아주 큰 사건입니다. 몇백 년에 한 번 있을까 말까 한 사건이지요.

혜성이 목성과 충돌할 때 목성의 두꺼운 구름층을 마구 헤집으며 뚫고 들어갈 것이기 때문에 우리는 목성의 속을 들여다볼 수 있을지도 모릅니다. 또 폭발 뒤 솟아오르는 가스를 분광기나 간섭계로 조사하면 목성 대기의 성분을 더 자세히 알 수도 있습니다.

이런 자료를 바탕으로 그동안 우리가 생각해 왔던 행성 탄생의 과정이 맞는지 확인할 수 있을 거예요. 운이 나쁘면 그동안 '그렇다.'라고

슈메이커-레비9혜성 원래 하나였던 혜성이 목성의 영향으로 20여 개 조각으로 쪼개져 목성에 차례로 충돌했다.

생각했던 것이 '그게 아니었다.'가 될 수도 있겠지만요. 이 사건은 목성에 가지 않고도 목성의 본래 모습을 알 수 있는 좋은 기회였던 것입니다.

중요한 것은 슈메이커-레비9혜성과 목성의 충돌은 한 번 일어나면 다시는 일어나지 않는다는 것입니다. 그래서 될 수 있으면 많은 사람이 충돌이 일어나는 일주일 내내 쉬지 않고 지켜봐야 했습니다. 이 일은 한 대륙에 있는 천문대에서는 할 수 있는 일이 아니었어요. 온 세계 천문학자들이 힘을 합해야 가능한 일이었습니다.

드디어 혜성의 A핵이 목성에 떨어졌습니다. 그것은 지구에서 보이는 목성 반대편에서 일어났습니다. 칼라알토 천문대에서도 그 장면은 볼 수 없었습니다. 그러나 6분 뒤 목성이 자전을 하면서 목성 표면에 난

커다란 상처가 지구를 바라보게 되었습니다. 그때 충돌하면서 생긴 빛이 지구에 도달한 것은 목성을 떠나 30분이 지난 뒤였습니다. 지구와 목성 사이가 그렇게 먼 것입니다.

혜성의 첫 번째 덩어리가 목성에 떨어진 뒤 약 40분이 지나서야 지구인은 처음으로 그 장면을 볼 수 있었습니다. 스페인에서 날이 밝으면 칠레와 멕시코에서 관측을 했고, 이곳에 날이 밝으면 하와이와 오스트레일리아에서 목성을 관측했습니다.

지구 전체가 24시간 쉬지 않고 움직이는 천문대가 된 겁니다.

오스트레일리아의 사이딩 스프링 천문대에서는 날이 맑아 혜성과 목성의 충돌 장면을 여덟 번이나 관측했습니다. 그 당시 가장 큰 망원경이었던 하와이 마우나케아 꼭대기에 있는 켁 망원경은 운이 별로 없는 듯 보였습니다.

가장 큰 혜성 핵인 G핵이 충돌하기로 되어 있던 날 구름이 낀 것입니다. 그러나 천문학자들의 간절한 기도가 통한 걸까요? G핵이 충돌하는 순간 구름에 커다란 구멍이 뚫려 그 충돌 장면을 볼 수 있었습니다.

지구에 있는 모든 천문대가 돌아가며 관측하면 쉬지 않고 우주를 볼 수 있습니다. 이렇게 여러 대륙에 망원경을 세워 24시간 끊기지 않고 관측함으로써 천문학자들은 지구에 언제 달려들지 모르는 소행성을 감시하는 일을 적극 실천하고 있습니다. 외계 행성계를 찾는 천문학자들도 작은 망원경을 대륙마다 세워 쉬지 않고 별을 보려는 계획을 세웠습니다.

망원경은 서로 다른 대륙에 있지만 24시간 돌아가며 관측한 자료를 인터넷망을 통해 온 세계 천문학자들과 나누어 가집니다. 지구는 하루에 한 바퀴 돌기 때문에 반드시 아침이 옵니다. 하지만 천문학자들의 망원경은 밤만 따라다닙니다. 천문학자들의 천문대에는 별이 지지 않습니다.

서둘러! 근무 교대 시간이야~ 빨리 별 쏘러 가자.

이건 뭐지!?

2. 거기 누구 없나요?

● 외계 생명체와 외계 행성을 찾아서 ●

아레시보에서 보낸 편지
미래의 지구, 금성에 생명체가 있을까?
거기 누구 없나? 화성 생물 나와라, 오버!
거대 행성의 위성을 노려라!
외계 생명체를 찾아라!
행성 사냥
우주의 비단길

아레시보에서 보낸 편지

카리브해에 있는 섬나라 가운데 푸에르토리코라는 곳이 있습니다. 그곳에는 천문학에 관심이 있는 사람이라면 누구나 한 번쯤 들어 보았을 아레시보 전파 천문대가 있습니다. 천문학에 관심이 없더라도 영화를 좋아한다면 자신도 모르는 사이에 아레시보 전파 천문대를 보았을 확률이 큽니다.

혹시, 영국 스파이 이야기인 007 시리즈 가운데 〈골든 아이〉를 본 적 있나요? 이 영화에는 커다란 산 속에 딱 맞게 들어앉은 아주 큰 전파 망원경이 나옵니다. 그곳이 바로 아레시보 전파 천문대입니다.

1974년 11월 16일, 이 아레시보 전파 천문대에서 아주 흥미로운 일이 있었습니다. 우주에서 오는 전파만 받을 것이 아니라 우리도 우주에 무언가 의미 있는 메시지를 보내기로 한 거지요. 이때 보낸 메시지를 '아레시보 성간 메시지'라고 합니다.

아레시보 성간 메시지에는 이런 내용이 담겨 있습니다.

우선 1부터 10까지 숫자를 담았습니다. 수는 자연의 기본 언어이기 때문에 물리나 화학이나 생물 같은 기초 학문들도 수가 없다면 제대로

표현하기 힘들 겁니다. 아레시보 성간 메시지에는 이진법을 써서 1부터 10까지 표현했습니다. 그러나 수가 자연의 기본 언어이기는 해도 수를 표현하는 방법은 다를 수 있습니다. 그래서 가장 기본적인 방법인 이진법을 사용했답니다. 우리가 사용하는 십진법과 아레시보 성간 메시지에 쓰인 이진법을 비교하면 다음과 같습니다.

진수	이진수
1	1
2	10
3	11
4	100
5	101

왜 이진법을 썼는지 알겠나요? 아무리 복잡한 수라도 0과 1만으로 표현할 수 있습니다. 그런데 외계인이 0과 1을 알아볼까요? 0과 1을 포함한 숫자는 지구인이 발명한 것이라 외계인이 모를 수도 있습니다. 그래서 과학자들은 0과 1 대신 끄다, 켜다를 이용했습니다.

끄다, 켜다.

on, off.

기계는 이렇게 끄고 켬으로써 이진법을 표현할 수 있습니다.

1부터 10까지 숫자 다음으로는 생명체를 이루는 다섯 가지 핵심 원소에 관한 메시지가 담겨 있습니다. 다섯 가지 핵심 원소란 탄소, 수소, 산소, 질소, 인을 말합니다. 만약 외계에도 말하고 쓰고 계산하는 복잡한 일을 할 수 있는 생명체가 살고 있다면 그 외계 생명체도 이런 원소

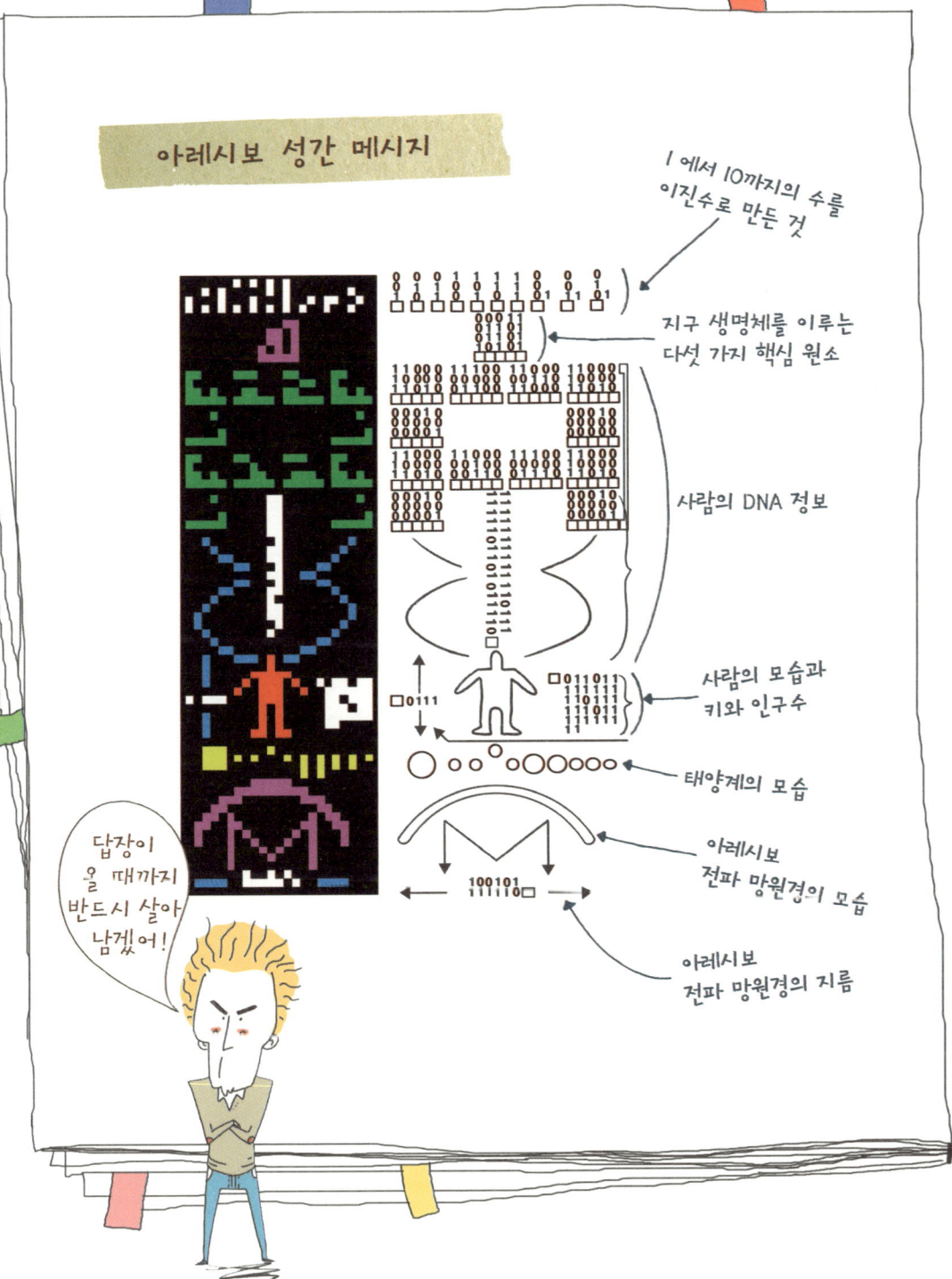

로 이루어져 있을 것이기 때문에, 다섯 가지 기본 원소에 대해 알고 있을 것입니다. 아니, 외계 생명체가 지구 생명체와 똑같은 원소로 이루어져 있는지 어떻게 아냐고요?

지구가 우주의 한 부분이고 지금도 지구 생명체들이 훌륭하게 살아가고 있으니 지구 생명체는 성공한 우주 생명체라고 볼 수 있을 거예요. 다시 말해 우리 스스로가 아주 좋은 표본이 될 수 있는 거지요.

수소는 우주에 가장 많이 퍼져 있는 원소이기 때문에 만약 자연이 생명체를 만든다면 가져다 쓰기 쉬운 것으로 만들 것입니다. 산소는 생명체가 호흡하는 데 필요한 원소인 동시에 가벼운 수소가 날아가는 것을 막아 주는 역할을 합니다. 산소가 수소를 붙들고 있는 모습은 어디서나 흔하게 볼 수 있습니다. 우리가 목마를 때 마시는 물이 바로 그거예요. 탄소는 지방과 단백질을 이루는 중요한 원소입니다. 아무리 수소와 산소가 풍부해도 탄소가 없으면 생명체가 만들어지지 않습니다. 그러면 질소와 인은 왜 중요한 걸까요? 그것은 아레시보 성간 메시지에 담긴 다음 내용을 보면 알 수 있습니다.

아레시보 성간 메시지의 다음 내용에는 지구에 있는 모든 생명체가 유전 정보를 기록하는 데 쓰는 네 가지 염기인 아데닌, 구아닌, 시토신, 티민이 있습니다. 그다음은 이 염기들이 만들어 낸 DNA 이중 나선 구조, 사람이 지닌 DNA 염기쌍 수가 있습니다. 염기는 단백질 가운데 하나인데, 단백질을 만들려면 질소가 반드시 필요합니다. 지구를 둘러싼 공기 가운데 4/5가 질소라는 것을 알고 있지요? 그리고 인은 염기와 염기를 이어 주는 데 꼭 필요한 원소입니다. 수소, 산소, 탄소, 질소가 아무리 풍부해도 인이 없으면 기다란 꽈배기 같은 DNA 이중 나선 구조를 만들 수 없습니다.

아레시보 성간 메시지 가장 끝에는 사람의 키, 인구수, 태양계, 아레시보 전파 천문대에 대한 정보가 포함되어 있습니다. 아레시보 전파 천문대에서는 이 메시지를 마이크로파로 만들어 지구로부터 2만 5천 광년 떨어진 M13이라는 구상 성단으로 보냈습니다. 만약 그곳에 있는 어떤 외계 생명체가 이 메시지를 보고 내용을 해독한 뒤 답을 보내면 5만 년 뒤에나 받아 볼 수 있을 거예요.

5만 년이라고요? 그래도 신나지 않나요? 지금 이 순간 우리가 몇만 년 전 어떤 외계 생명체가 보낸 메시지를 받고 해독했다고 생각해 보세요. 누군가는 당장 그곳으로 가려고 짐을 꾸릴지도 몰라요. 2만 5천 년 뒤에 M13에서도 그런 외계 생명체가 나올지도 모르겠지만요.

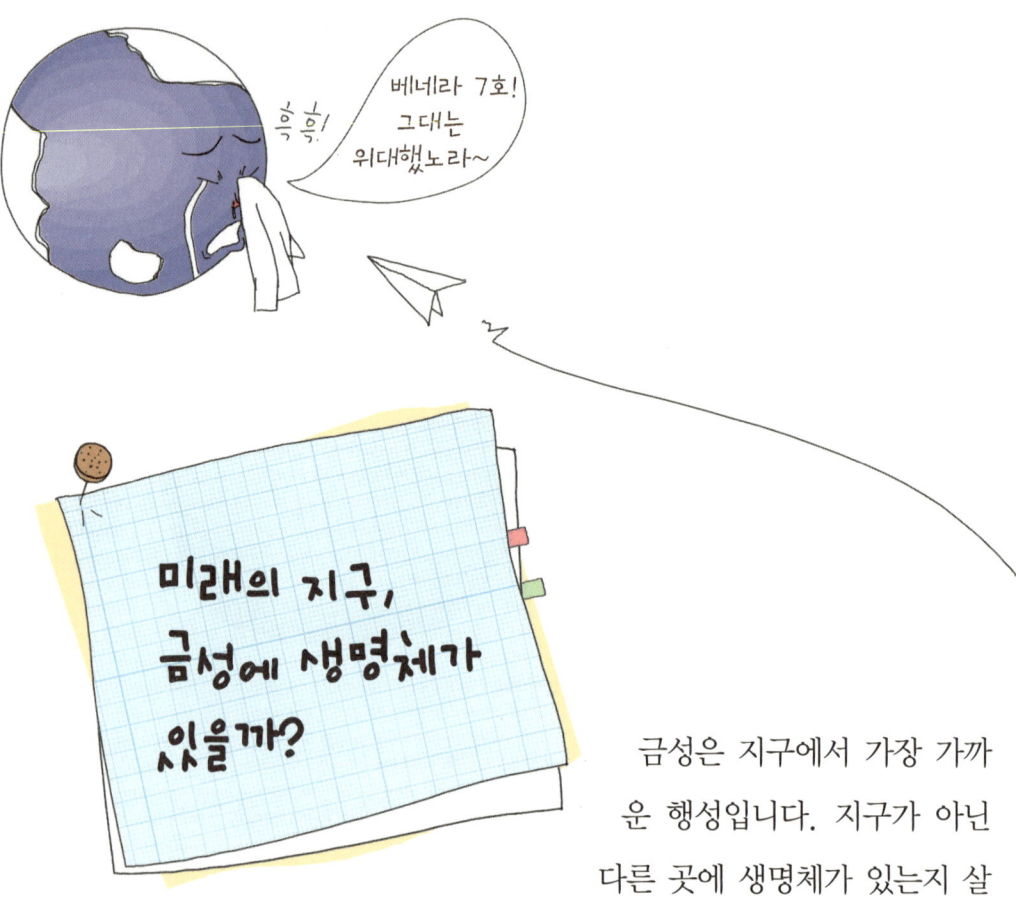

미래의 지구, 금성에 생명체가 있을까?

금성은 지구에서 가장 가까운 행성입니다. 지구가 아닌 다른 곳에 생명체가 있는지 살펴보려면 먼저 가장 가까운 이웃 행성의 문을 두드리는 것이 순서일 거예요. 그래서 지구인들은 다른 어떤 행성보다 많은 우주선을 금성으로 보냈답니다.

1970년 러시아가 금성으로 보낸 베네라 7호는 처음으로 금성의 표면에 착륙해 금성의 모습을 있는 그대로 보여 주었습니다. 정확히 23분 동안입니다. 베네라 7호는 금성에 더 머무르고 싶었지만 그럴 수 없었습니다.

온도는 500도, 기압은 지구의 90배, 납과 아연도 저절로 녹는 혹독한 환경, 이것이 금성 표면의 모습이었습니다. 베네라 7호는 자신의 몸이 극심한 압력과 높은 온도 때문에 녹아내렸지만 악착같이 버티며 마지막 순간까지 사진을 찍고, 금성 표면의 흙을 모아 분석했습니다. 물론 그 결과를 지구로 보내는 것도 잊지 않았지요. 그러고는 온몸이 녹아 금성의 일부가 되어 장렬한 최후를 맞았습니다.

　금성의 대기는 이산화탄소가 96%를 차지하고 있습니다. 공기 전부가 이산화탄소라고 해도 지나친 말이 아니에요. 이것은 지구와 전혀 다른 모습이라고 생각할지 모르겠지만 사실은 그렇지도 않습니다. 지구의 이산화탄소는 바닷속 퇴적암에 붙잡혀 있습니다. 만약 이 이산화탄소가 모두 풀려나온다면 지구도 금성과 비슷한 대기를 갖게 될 거예요.

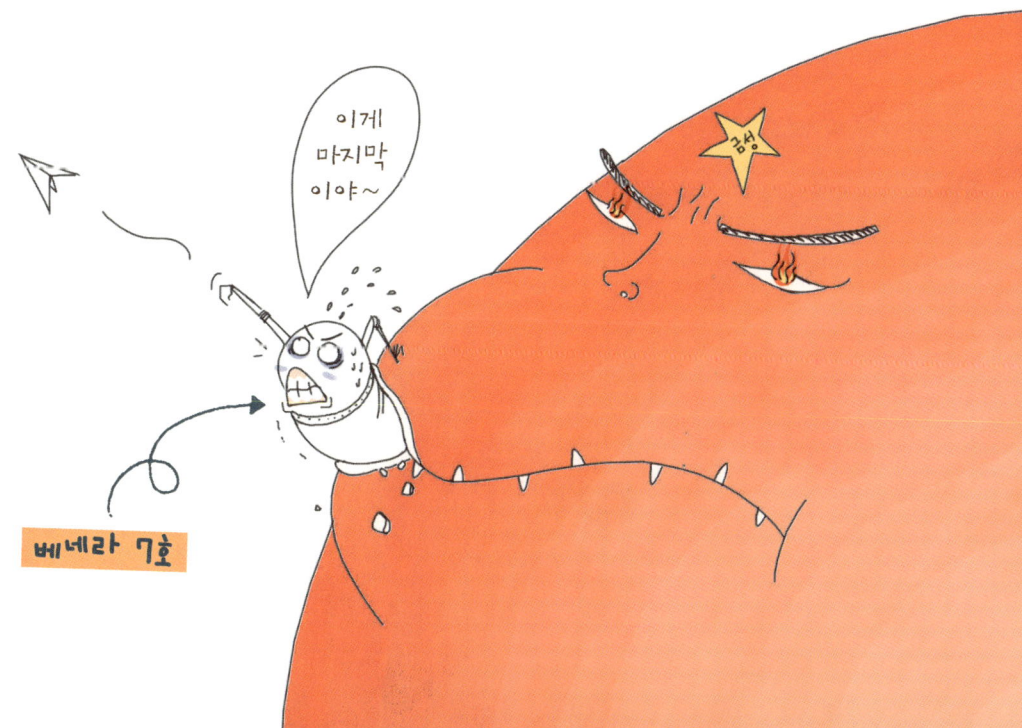

　금성을 둘러싼 두꺼운 이산화탄소 층은 금성의 열기가 우주로 빠져나가는 것을 막습니다. 이산화탄소가 두꺼운 담요 역할을 하는 거지요. 그래서 금성은 점점 더워지고 표면에 있던 물은 모두 증발해서 사막이 되었습니다.

　이산화탄소뿐 아니라 수증기도 온실 효과를 더욱 높입니다. 게다가 수증기는 햇빛을 받아 수소와 산소로 분해되고, 가벼운 수소는 우주 공간으로 날아가 버립니다. 산소는 금성에 붙잡혀 남아 있겠지만 수소가 돌아오지 않으면 다시 물을 만들 수 없습니다.

　이런 환경에서는 생명체가 살 수 없을 것 같습니다. 적어도 1985년 베가 우주선이 금성의 하늘에 기구를 띄우기

전까지는 그렇게 생각했습니다.

베가 우주선이 띄운 기구는 금성의 구름 속을 떠다녔습니다. 그리고 금성의 표면으로부터 53킬로미터인 곳을 46시간 동안 머무르며 금성의 구름 속을 살폈답니다. 그런데 이곳은 그런대로 살 만했습니다. 온도는 32도, 기압은 0.5기압 정도였습니다.

이 정도면 사람도 우주선을 타고 방문해도 견딜 만할 거예요. 우주선 밖으로 나오지 않는다면 말이에요. 황산 방울로 이루어진 구름 속에서는 견디기 힘들 테니까요.

그러나 지구의 우주 생물학자들은 금성의 구름 속이야말로 어쩌면 생명체가 있을지도 모른다고 생각하고 있습니다. 금속을 녹이고 피부를 녹이는 황산 구름 속에 무슨 생명체가 사냐고요? 그렇지 않습니다.

과학자들은 캘리포니아에 있는 광산에서 강한 황산 속에 살고 있는 호산성균을 찾아냈습니다. 보통 생물은 살 수 없는 혹독한 환경에서 살아남은 생명체가 있었던 것입니다. 만약 이 호산성균을 먹고 사는 조금 더 큰 생물이 있다면 훌륭한 먹이 그물이 형성됩니다.

혹시 금성의 하늘에도 혹독한 표면에서 황산 구름으로 도망친 생물이 있을지 모릅니다. 그 모양은 투명한 해파리를 닮았을지도 모르고, 넓적하게 퍼져 연처럼 하늘을 날기 편하게 생겼을지도 모릅니다. 어쩌면 지능이 있어서 우리가 보낸 우주선을 못 본 척했을지도 몰라요. 에이, 그런 일이 어떻게 일어나냐고요?

글쎄요. 아직 어떤 지구인도 금성을 샅샅이 찾아다닌 적이 없으니 금성에 해파리를 닮은 생명체가 절대 없다고 말할 수는 없을 것입니다. 물론 발견되지 않았기 때문에 있다고도 말할 수 없지요. 하지만 상상하는 것은 자유입니다. 만약 우리가 상상한 그런 생물이 지구 밖에서 발견된다면 얼마나 놀라울까요? 정말 온 지구인을 흥분시킬 신나는 일이 될 것입니다.

그나저나 금성의 500도가 넘는 표면 온도와 엄청난 이산화탄소를 생각하니 갑자기 걱정이 앞섭니다. 왜냐하면 지금까지 설명한 금성의 모습은 지구의 미래 모습이 될 수도 있기 때문입니다. 지구 온난화가 계속되어 되돌릴 수 없는 어느 선을 넘으면 지구도 금성처럼 될 수 있을 거예요. 이건 참 큰일이 아닐 수 없습니다.

만약 지구가 금성처럼 된다면 지구에 있는 생물 가운데 높은 하늘로 도망가 살아남을 생물이 있을까요?

커다란 날개를 가진 알바트로스, 수증기를 흡수하면서 날아다니는 곰팡이, 하늘에 뜨기 쉽도록 기포를 발달시킨 식물 등 여러 가지 상상을 해 볼 수 있을 거예요. 하지만 과연 그때까지 살아남은 인간이 있을까요?

거기 누구 없나?
화성 생물
나와라, 오버!

　우리 지구인들은 과연 어떻게 생겨났을까요?
　과학자들은 아주 먼 옛날 지구에 있던 원시 바다에서 우연히 생긴 단백질 덩어리가 우리 조상이라고 생각합니다. 그 유기물이 진화에 진화를 거듭해서 물에 사는 생물로, 또 땅에서 사는 생물로 발전해 왔다고 생각합니다.
　그런데 어떤 과학자들은 아무것도 없던 지구에서 생명이 갑자기 시작된 것이 아니라 다른 천체에서 생명의 씨앗이 왔다고 생각합니다.
　다른 천체라, 과연 어디를 말하는 걸까요?
　지구에 화산이 마구 터지고 하늘에서는 불붙은 돌덩어리들이 날아들고 바다는 펄펄 끓고 있을 때, 어딘가 평온한 하늘과 차지도 뜨겁지도 않은 적당한 물이 있는 곳. 그런 곳이 있다면 그곳에서 먼저 생명이 생겼다고 생각할 수도 있을 것입니다.

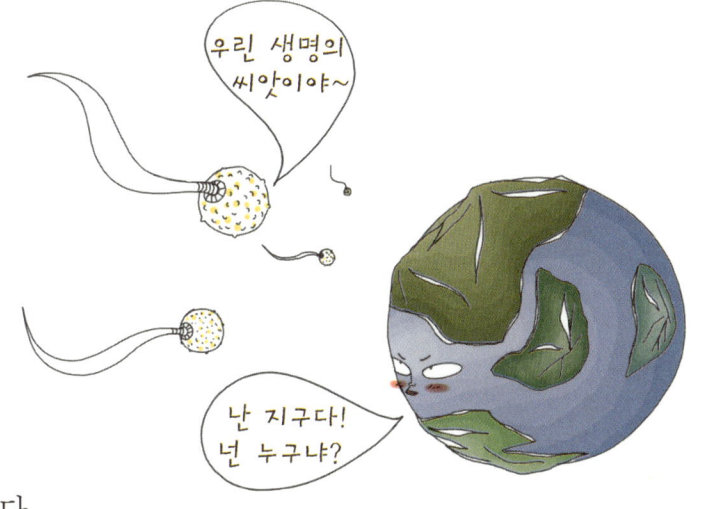

달을 볼까요? 지구에서 가장 가까이에 있는 달은 지구가 처음 생겨 뜨겁게 끓고 있을 때와 같은 상황이었음이 분명합니다. 그다음은 금성. 금성도 지구가 끓고 있었다면 태양과 더 가까이에 있기 때문에 지구보다 더 뜨거운 불바다였음이 틀림없습니다. 여기도 안 되겠군요.

이제 슬슬 지구 바깥으로 눈을 돌려야겠군요. 그래요. 지구에 사는 과학자들은 지구가 아직 식지 않았을 때 생명체가 이미 있었을 가능성이 가장 높은 곳으로 화성을 생각합니다. 생명체가 있으려면 여러 가지 조건이 맞아야 하겠지만 가장 중요한 것을 꼽으리면 역시 물일 거예요. 그래서 지구인들은 화성에 물이 있었다는 흔적을 찾으려고 안간힘을 씁니다.

미국 항공 우주국에서 보낸 화성 탐사선 오퍼튜니티 호가 해야 할 일 가운데 하나가 바로 화성에서 물의 흔적을 찾는 거였어요.

2004년 3월 2일 오퍼튜니티 호가 화성에서 재미난 사진들을 보내왔습니다. 오퍼튜니티 호가 내려앉은 곳이 다름 아닌 물에 푹 담겨 있었다고 생각되는 커다란 바윗덩어리였던 것입니다. 미국 항공 우주국의 과학자들은 그곳에 '엘 캐피탄'이라는 이름을 붙여 주었습니다. 미국 요세미티 국립 공원에도 같은 이름을 지닌 지형이 있답니다.

오퍼튜니티 호가 엘 캐피탄에서 찍어 보낸 사진에는 동그란 구슬이 땅에 붙어 있었습니다. 그 사진을 보니 화산 가까이에서나 볼 수 있는 진흙 온천이 생각나네요. 고운 진흙이 있는 땅 밑에서 마그마에 데워져 조금씩 솟아오르면 마치 뻑뻑한 호박죽 끓는 것과 비슷합니다. 바로 그때 생기는 진흙 방울과 모양이 같습니다. 지표면을 이렇게 만들 수 있는 원인은 하나, 바로 물입니다.

또 다른 하나는 화성 암석에서 염분을 잔뜩 발견한 겁니다. 염분, 그러니까 소금을 말하는 거예요. 우리가 소금을 어떻게 얻는지 생각해 보세요. 소금은 바닷물을 모아 증발시켜 얻습니다. 과학자들은 화성에서도 이런 일이 있었다고 생각하고 있습니다. 한때 화성에는 바다가 있었

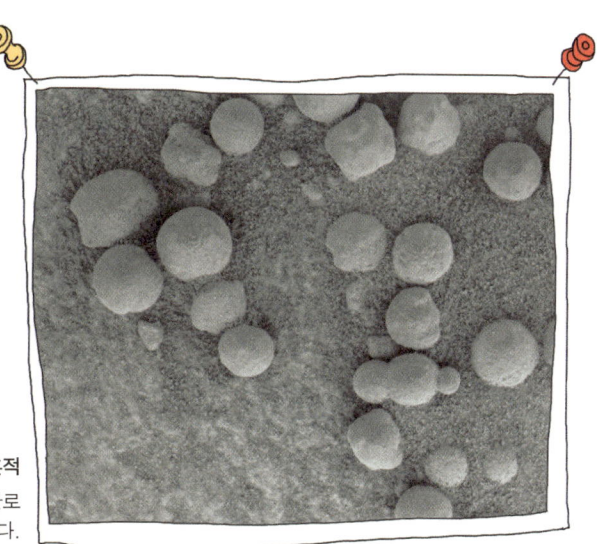

오퍼튜니티 호가 화성에서 찍은 물의 흔적
비비탄 크기의 이 구슬은 철을 포함한 광물로
물이 있는 환경에서 생긴다고 보고 있다.

는데 그 물이 모두 증발하면서 염분만 암석에 남게 되었다고 생각하는 거지요.

화성에 물이 있었다는 사실을 믿고 싶게 만드는 또 한 가지 자료는 물이 있어야만 생기는 황산철이 발견되었다는 점입니다.

이 모든 것은 오퍼튜니티 호가 보내온 사진과 여러 자료들을 바탕으로 추측한 것입니다. 그러니 지금까지 말한 것이 모두 사실이 아닐 수

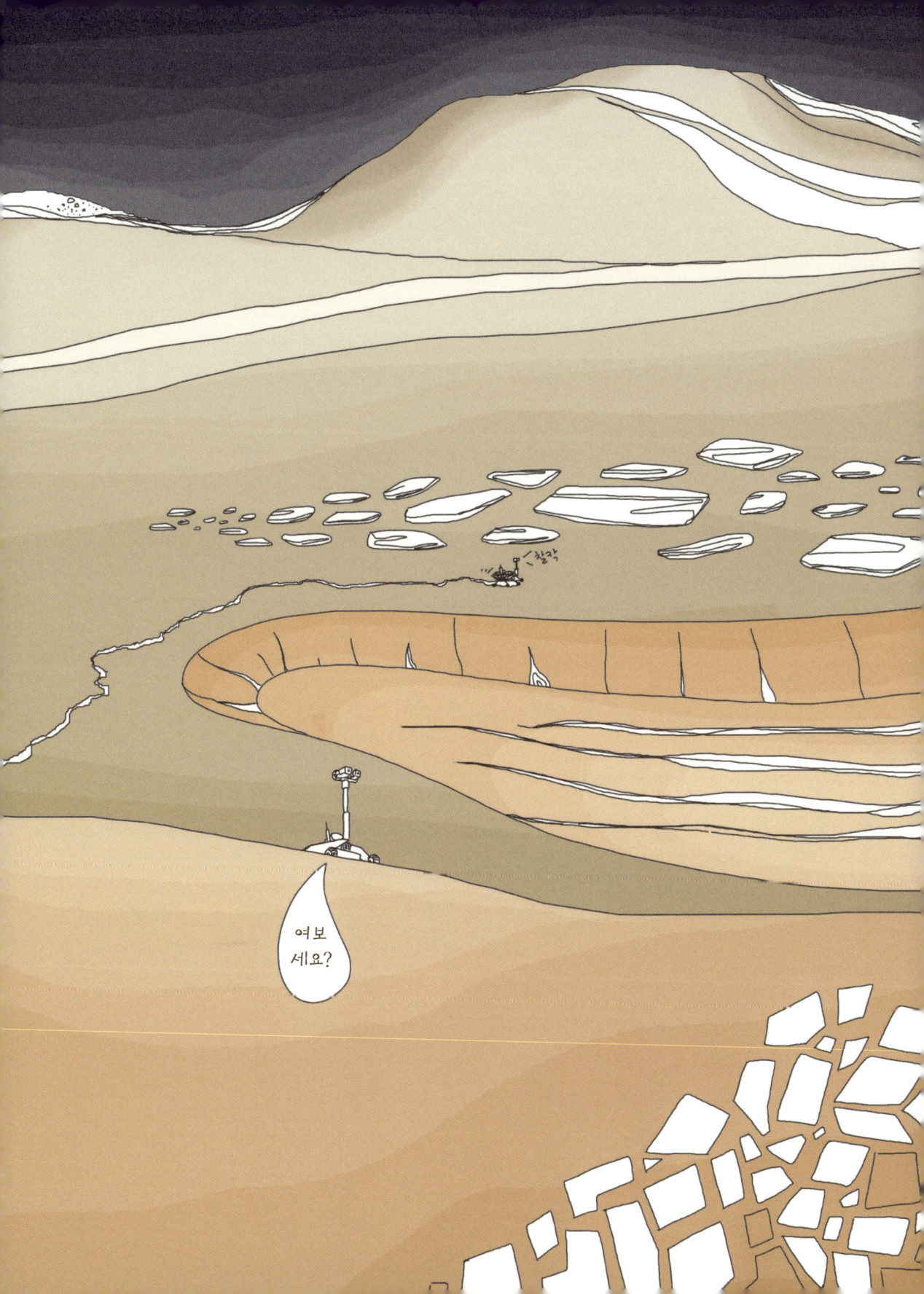

도 있습니다. 사진으로 볼 때는 근사했었는데 진짜 가 보니 영 다른 경우도 있잖아요.

또 물이 있었다고 해서 정말 생명체가 살았었는지 아직은 확실히 알 수 없습니다. 지금 생명체가 있다고도 말할 수 없음은 물론입니다. 그저 조심스럽게 조사하고 추측할 따름이지요. 아직은 이렇게 추측만 할 뿐이지만 왜 그런지 지구인들은 화성에 한때 생명체가 번성했을 것이라는 점을 믿고 싶어 하는 눈치입니다.

지구는 바이러스에서 커다란 나무까지 모든 생명체가 마치 하나의 가족처럼 얽혀서 삽니다. 혼자 살 수 있는 사람은 없습니다. 우주도 마찬가지일 겁니다. 어쩌면 많은 천문학자들이 그 옛날 언젠가 지구 말고 다른 곳에 생명체가 있었다는 증거만이라도 찾으려고 애쓰는 것은 이 넓은 우주, 그 속에 오직 지구에만 생명체가 있다는 사실이 너무 외로워서가 아닐까요?

거대 행성의 위성을 노려라!

짙은 황사가 날아온 것마냥 뿌연 공기, 세상은 약간 어두운 겨자색 물을 들인 유리를 대고 보는 것 같습니다. 아니, 그런데 자세히 보니 돌이며 자갈이며 바위가 모두 겨자색입니다. 게다가 바위인 줄 알았던 덩어리는 색이 있는 얼음 같아 보입니다. 얼마나 차가운지 궁금해져 온도를 재 보니 무려 영하 180도입니다. 여기는 어디일까요?

겨자색 공기에 겨자색 비가 내리는 이곳은 토성의 위성인 타이탄! 겨자색의 정체는 바로 메탄입니다. 이곳의 바다와 비와 강은 모두 액체 메탄입니다.

차를 타고 가다 보면 튼튼한 철로 만든 가스통을 잔뜩 싣고 힘겹게

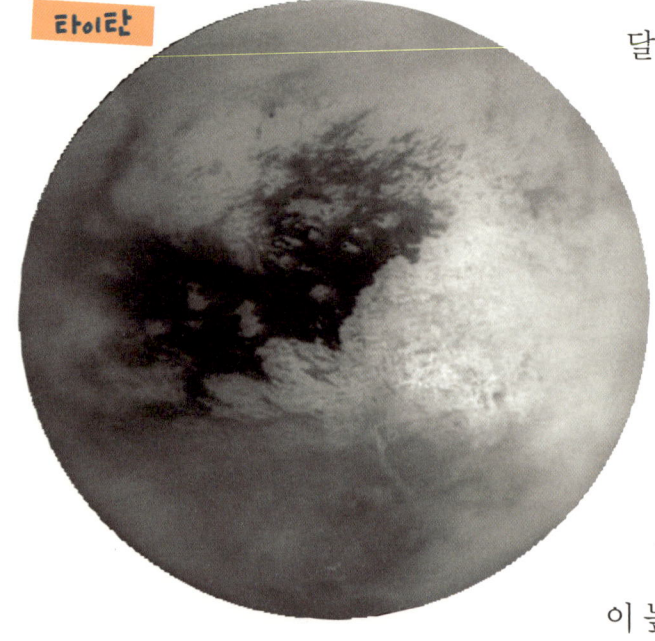

타이탄

달려가는 트럭을 종종 볼 수 있습니다. 그 철통 안에는 보통 기체 상태로 있어야 할 천연가스가 꾹꾹 눌려 담겨 액체 상태로 들어 있습니다. 그 안은 우리가 상상할 수 없을 정도로 압력이 높고 온도가 낮습니다. 타이탄 대기도 이와 비슷합니다. 온도는 낮고 대기압은 지구의 1.6배쯤 됩니다.

생명이 살아가는 데 전혀 도움이 될 것 같지 않은 이 타이탄에 지구인들이 관심을 갖는 까닭은 무엇일까요? 바로 생명의 기원에 관한 열쇠를 찾고 싶어서입니다.

1953년 미국 과학자 스탠리 밀러는 수소, 메탄, 암모니아, 수증기를 공처럼 생긴 유리관에 넣고 강한 전기를 흐르게 했습니다. 놀랍게도 이 실험으로부터 단백질의 기본 구성 성분인 아미노산을 만들어 낼 수 있었습니다. 둥근 유리관에 담긴 액체와 기체는 지구가 처음 생겼을 때 대기와 바다의 주성분이었고, 강한 전기는 바로 번개였습니다. 밀러는 이런 현상이 40억 년 전 지구에서 일어났다고 믿었습니다.

과학자들은 그런 증거를 오늘날 지구에서는 찾기 어렵다고 보고 우주로 눈을 돌렸습니다. 지구에서 생명이 생겨났을 때와 비슷한 조건을 지닌 행성이나 위성을 잘 관찰하면 생명의 기원을 밝힐 수 있을지도 모른다고 생각합니다. 과학자들은 먼저 가까이 있는 행성에 관심을 두었습니다.

하지만 화성에는 이산화탄소로 이루어진 엷은 대기만 남아 있을 뿐 액체를 찾아보기 힘들었습니다. 금성은 지구와 견주어 크기도 비슷하고 짙은 대기가 있는 것은 확실했지만 대기 주성분이 화성과 마찬가지로 이산화탄소였고, 대기 압력과 온도가 너무 높아 지구에서는 탐사선을 보내기도 어려웠습니다. 지구인들의 현재 기술로는 금성의 높은 온도와 압력을 견디고 몇 년이고 일할 수 있는 탐사선을 만들 수 없기 때문이지요. 그리고 이산화탄소와 유황으로 그득한 대기는 지구 대기와 닮은 점이 거의 없어 생명의 비밀을 푸는 데는 별 도움이 되지 않을 것 같았습니다.

지구형 행성인 금성과 화성에서 생명체를 찾을 수 없다면 목성이나 토성과 같은 큰 행성에 딸려 있는 위성에서 찾아야 했습니다. 이런 가운데 과학자들은 토성의 위성 타이탄이 크기나 내부 구조가 지구와 닮았을 뿐만 아니라 짙은 대기를 지니고 있다는 사실을 알게 되었습니다. 또 액체가 있을 확률이 아주 크다는 사실도 알게 되었습니다. 과학자들

은 주저하지 않고 타이탄으로 탐사선을 보냈습니다.

 탐사선 호이겐스 호는 우주선 카시니 호를 타고 지구를 떠나 2005년 1월 14일 오후 무사히 타이탄에 착륙했습니다. 낙하산을 타고 타이탄에 사뿐히 내려앉은 호이겐스 호는 이곳이 지구인들이 바라는 조건을 제대로 갖추고 있다는 것을 유감없이 보여 주었습니다.

 호이겐스 호가 착륙한 지점에는 이틀 전 비가 온 것 같은 증거가 있었고, 덕분에 땅이 부드러워 호이겐스 호에서 나온 탐침이 땅을 뚫고 들어갈 수 있었습니다. 타이탄 대기에는 단백질의 기본 성분인 아미노산을 만들 수 있는 질소도 충분히 있었습니다. 이제 남은 것은 이 물질들을 엉겨 붙게 만들 커다란 에너지만 있으면 됩니다. 그런데 과연 타이탄에도 번개가 칠까요?

  호이겐스 호가 타이탄에서 보내온 자료들을 바탕으로 본다면 지구에서 일어나는 기상 현상이 그곳에서도 충분히 일어날 수 있다고 추측하고 있습니다. 번개가 칠 가능성이 있다는 말이지요.

  천문학자들은 타이탄에 지구의 생명의 비밀을 풀어 줄 열쇠가 있는지 열심히 살피고 있습니다. 그 비밀을 풀려면 몇 년 또는 몇십 년을 기다려야 할지도 모릅니다. 그러나 분명한 사실 한 가지는 우리가 점점 그 비밀에 가까이 가고 있다는 겁니다.

  혹시, 이 글을 읽는 여러분 가운데 그 비밀을 풀 행운아가 나올지 누가 알겠어요?

외계 생명체를 찾아라!

지금 지구에서는 외계인에 대한 소문이 심심치 않게 돌고 있습니다. 사실 이것은 어제오늘 일은 아닙니다. 어떤 사람들은 지하 깊은 곳에 외계인을 가둬 놓고 여러 가지 관찰을 한다고 하기도 하고, 혜성을 타고 외계인이 와서 자기들을 구해 줄 것이라고 믿는 광신도 집단은 단체로 자살을 하기도 했습니다.

서점에 가서 한번 보세요. 미확인 비행 물체 UFO에 대한 책이 얼마나 많은지. 사람들이 UFO에 관심을 두는 것은 그 비행 물체 때문이 아닙니다. 바로 거기에 타고 있는, 지구가 아닌 다른 별에서 온 누군가에게 관심이 있는 겁니다.

지구 반대편에 있는 대륙에 가려면 13시간씩 비행기를 타고 가야 하지만 사실 지구는 그렇게 큰 행성이 아니랍니다. 우리는 얇은 지구 껍질 위에서 위로도 더 높이 못 가고 땅속으로도 더 깊이 못 들어가면서 아옹다옹 살고 있습니다. 우주에서 보면 땅에 바짝 붙어 옴짝달싹 못 하고 사는 힘없는 생물일 뿐입니다.

그럼 정말 우주에는 우리 말고 또 다른 지적 생명체가 있을까요? 분명히 어디엔가 그런 생물체가 있겠지만 우주가 하도 넓다 보니 전 우주를 이 잡듯 뒤지는 것은 아무래도 불가능할 것 같습니다. 그래서 지구인들은 욕심을 버리고 작은 일부터 하기로 했습니다.

우선 밤하늘에 반짝이는 별들 가운데 우리처럼 행성을 거느리고 있는 별을 찾기 시작했습니다. 왜 찾냐고요? 아무래도 이글이글 불타는 태양과 같은 별에서는 도저히 생명체가 살 것 같지 않기 때문이지요. 모두 불타 버릴 테니까요. 우리가 태양계를 벗어나면 '태양계인'으로 불리겠지만 태양에 사는 것은 아니잖아요. 우리를 '지구인'으로 불러 달라고 하고 싶겠지만 외계인이 보기에 우리는 그냥 태양계인입니다. 외국에 나가면 고향이 광주인 사람도 한국인, 부산인 사람도 한국인이 되는 것과 마찬

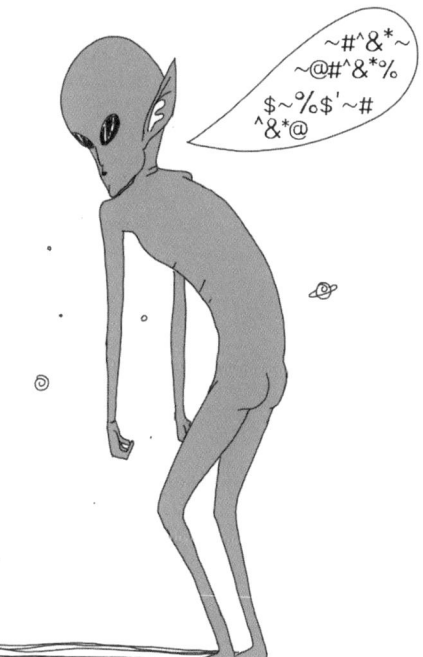

가지예요.

 그러니 태양과 같은 별 주변에 지구와 같은 행성이 돌고 있는 또 다른 태양계를 찾아야 합니다. 비록 그 태양계에 지구와 같은 행성이 없다 하더라도 행성이 있는 이웃 태양계를 많이 찾으면 그 가운데 분명 생명체가 살 수 있는 조건을 지닌 그런 행성을 찾을 수 있을 거예요.

 이런 생각을 하면서 열심히 이웃 태양계를 찾던 지구인들은 결국 그런 태양계를 찾아내고야 말았습니다. 그것도 한두 개가 아니고 250여 개나 찾아냈습니다. 그 가운데 하나를 소개해 줄게요.

 1999년 스위스와 미국 천문학자들은 행성이 세 개 딸린 이웃 태양계를 발견했다고 발표했습니다. 가장 바깥에 있는 행성은 목성보다 네 배가량 무겁고 3.5년에 한 바퀴씩 엄마별을 돕니다. 바로 안쪽에 있는 행성은 목성보다 두 배 무겁고 242일 만에 공전하며, 가장 안쪽에 있는 행성은 목성 질량의 3/4쯤 되면서 공전 주기는 4.6일입니다.

 우리 태양계에 있는 목성이 12년에 태양을 한 바퀴 도는 것을 생각해

본다면 이 이웃 태양계에 있는 행성들은 엄마별에 아주 가까이 붙어서 돌고 있다는 것을 알 수 있습니다. 그러니 이 행성들은 엄마별로부터 뜨거운 열을 듬뿍 받아 표면이 이루 말할 수 없이 뜨거울 것입니다. 힘들게 이웃 태양계를 찾았지만 안타깝게도 생명체가 있으리라는 기대는 버릴 수밖에 없었지요. 그래도 천문학자들은 별로 슬퍼하지 않는 것 같습니다. 이런 일은 늘 있지만 별은 아직 많으니까요.

또 기계는 더욱 좋아질 것이 분명하고 이 일이 재미있다고 천문학자들 사이에 소문이 났기 때문에 이웃 태양계는 더 많이 발견될 것입니다. 이런 추세로 간다면 지구와 비슷한 행성을 찾을지도 모릅니다.

한편 지구에서는 아주 극한 상황에서도 살아남는 생물에 대한 연구가 함께 이루어지고 있습니다.

'과연 생명체는 지구와 같은 환경에서만 생겨날 수 있을까?'

이런 의문을 지닌 과학자들은 어느 날 아프리카에 있는 금광에 찾아갔습니다. 땅을 3.2킬로미터나 뚫고 들어간 이 금광 밑에 있는 돌은 지금까지 한 번도 산소에 노출된 적이 없으며 온도도 50도를 넘고 기압도 지상의 두 배나 됩니다.

놀라운 일은 이런 환경에 있는 돌 속에 박테리아가 살고 있었다는 겁니다. 우리가 살고 있는 곳과 전혀 다른 이곳에 말입니다.

태평양 밑 깊은 바닷속 화산 근처에는 빛이나 산소가 없이도 살아가는 홍합, 새우, 물고기 들이 있습니다. 이 생물들은 80도가 넘는 뜨거운 물, 그것도 황산이 섞인 물에서 활발히 활동하는 박테리아를 먹고 살고

있습니다. 지구가 식지 않는 한 이 생물들은 지상에서 사는 생물과 상관없이 살아남을 것입니다.

  지금까지 밝혀진 여러 가지 증거로 보아 외계에는 생명체가 살고 있을 확률이 점점 커지고 있는 것 같습니다. 어쩌면 우리는 우리가 생각하는 것보다 훨씬 빨리 외계 생명체를 찾아낼지 모릅니다. 이웃 태양계에 우리와 같은 지적 생명체가 살고 있다면 분명 그들도 우리와 같은 일을 할 테니까요. 이 드넓은 우주에서 '다른 이웃을 찾는 일' 말입니다.

행성 사냥

페가수스자리 51, 처녀자리 70, 큰곰자리 47…….
이게 도대체 뭐냐고요?
바로 행성을 거느리고 있는 엄마별들의 이름입니다. 제네바 천문대에서 연구하던 미셸 메이요와 디디어 쿠엘로즈가 1995년 찾은 행성을 거느린 엄마별들이에요. 페가수스 51번 별을 돌고 있는 행성의 질량은 목성의 절반 정도이고, 공전 반경은 0.05AU인 8백만 킬로미터, 1AU가 태양에서 지구까지의 거리이니까 이 행성은 페가수스 51번 별에 아주 가까이 붙어서 공전하고 있는 셈입니다. 아니 가깝다기보다 아주 착 달라붙어 있다고 하는 편이 낫겠군요. 참고로 태양과 수성 사이의 거리가

0.387AU이니까, 이 행성이 얼마나 페가수스 51번 별에 가까이 있는지 상상할 수 있겠지요?

이렇게 가까이 붙어 있으니 공전 주기도 매우 빨라 지구가 태양을 한 바퀴 도는 1년 동안 이 행성은 페가수스 51번 별을 무려 91바퀴나 돈다고 합니다. 정말 어지럽겠어요. 게다가 이 행성에 생명체가 있을 것 같지는 않습니다. 행성 표면이 섭씨 1,000도나 되기 때문입니다.

그래도 이 발견은 당시 사람들의 관심을 끌어모으기에 충분했습니다. 다른 태양계에서 행성이 발견되었다는 것은 행성을 거느린 별이 더 발견될 수 있다는 의미가 되고, 이렇게 자꾸 발견하다 보면 생명체가 있는 행성을 더 많이 발견할 수도 있기 때문입니다.

다음 해인 1996년 제프리 마시와 폴 버틀러는 더 재미있는 발표를 했습니다. 처녀자리 70번 별은 태양과 아주 비슷합니다. 그리고 처녀자리 70번 별을 돌고 있는 행성에 섭씨 90도 정도인 액체가 있을 것으로 보인다는 것이었습니다. 생명체는 액체에서 생겨났다고 보기 때문에 다른 태양계에서 액체를 갖고 있을 가능성이 높은 행성을 찾아냈다는 사실은 사람들을 흥분시키기에 충분했습니다.

그로부터 10년이 흐른 지금 또다시 사람들은 하늘을 보며 들썩이고 있습니다. 그사이 천문학자들과 엔지니어들은 더 작은 행성을 발견할 수 있는 기술을 개발해 나갔습니다. 그리고 얼마 전 지구 질량의 10~20배인 행성을 거느린 별을 찾았답니다. 그동안 발견된 행성들의 질량은 모두 목성의 몇 배라고 알려져 있었습니다. 모두 아주 큰 것들이었어요. 목성의 질량이 지구의 318배인데, 지금 발견된 행성들의 질량은 지구의 몇 배라고 하니 지구와 닮은 행성을 찾을 가능성이 더 높아졌다는 것을 뜻합니다.

그런데 천문학자들은 그 약한 별빛만으로 어떻게 행성이 있는지 알아내는 걸까요? 여러 가지 방법이 있겠지만 가장 설명하기 쉬운 방법 하나를 알려 줄게요.

우선 태양과 비슷하다고 판단되는 별들의 목록을 뽑습니다. 그리고 그 별들을 열심히 촬영합니다. 한 번, 두 번에 끝나는 것이 아니고 몇 년 동안 수십 차례 찍습니다. 물론 천문학자들은 우리가 사진 찍을 때 쓰는 카메라와는 많이 다른 장비들을 사용합니다.

오랫동안 별을 찍으면 그 별빛의 세기에 미묘한 변화가 있는 것들을 찾을 수가 있습니다. 별 안에서 변화가 생겨 밝기가 변하는 것이 아니라 밖에 있는 무언가에 의해 밝기가 변하는 것을 찾아낼 수가 있다는 것입니다.

예를 들어, 어떤 별에 목성처럼 커다란 행성이 있다면 행성이 별 앞을 지나갈 때는 별의 밝기가 아주 조금 줄어들 것입니다. 행성은 스스로 빛을 내지 못하므로 별 앞에서 행성 크기만큼 별빛을 가리는 거지요. 반대로 행성이 반사한 빛과 별빛이 합쳐서 조금 더 밝게 보이기도 합니다. 천문학자들은 이 미묘한 변화를 알아채서 그 별 옆에 무언가

가 붙어 있다는 것을 추측하는 것입니다. 그러니 행성이 발견되었다고는 하지만 모두 간접적인 증거에 의해 추측된다는 것이지 진짜 행성을 본 사람은 아무도 없습니다. 하지만 곧 볼 수 있으리라 모두 믿고 있습니다.

외계 행성을 직접 보는 일은 아주 어렵습니다. 예를 들어, 어떤 자동차가 라이트를 켜고 2킬로미터 떨어진 곳에 있는데, 그 앞에 있는 꺼져 가는 성냥불을 알아보는 것은 정말이지 어렵습니다. 외계 행성을 직접 보는 것도 이것과 비슷합니다. 공기가 없는 우주 공간에 가서 사진을 찍어야 그나마 볼 가능성이 높아질 거예요.

2006년 우주에 나가 있는 허블 우주 망원경은 태양에서 25광년 떨어진 포말하우트와 행성을 찍는 데 성공했습니다. 이제 외계 행성을 간접 증거가 아닌 직접 우리 눈으로 볼 수 있게 된 거예요.

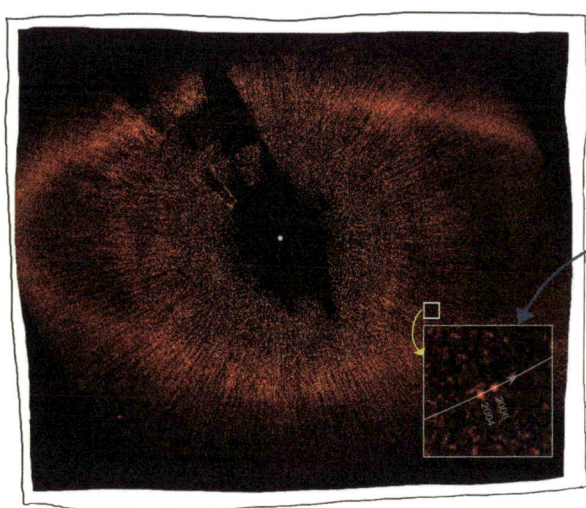

포말하우트
가운데 별이 포말하우트. 네모 안에 행성인 포말하우트b가 찍혔다. 외계 행성을 가시광선으로 직접 찍은 것은 포말하우트b가 처음이다.

아직 생명체가 있는 별이 딱 발견된 것은 아니기 때문에 '그것 봐, 생명체는 지구에만 있다니까.'라고 할지도 몰라요. 하지만 이 지구에 열 사람만 산다고 생각해 보세요. 너무 쓸쓸하지 않을까요? 이 넓은 우주에 지구에만 생명체가 있다면 아마 같은 느낌이 아닐까요?

우주의 비단길

 '비단길(실크로드)'이라는 길이 있습니다. 상인들이 낙타에 짐을 싣고 아시아 동쪽 끝에서 중동까지 물건을 실어 나르던 길이었지요. 비행기가 있던 시절이 아니라 상인들은 주로 낙타에 짐을 싣고 다녔습니다. 낙타는 무거운 짐을 싣고 하루에 40킬로미터를 걸었습니다. 상인들은 낙타 옆에서 하루에 100리를 걸은 셈이지요.
 이렇게 느리게 가다 보니 신라와 중국에서 실은 짐이 중동까지 도착하는 데 무려 1년이나 걸렸습니다. 그래서 중국 비단이 이슬람 지역과 유럽에서는 무척 비쌌습니다. 1년 동안 상인들이 비단을 옮기는 데 든 돈을 생각해 보세요. 물론 낙타도 함께 말이지요.

중요한 것은 이 길을 따라 동양과 서양의 문화가 서로에게 전해졌다는 점입니다. 요즘과 다른 점이 있다면 전해지는 데 시간이 너무 오래 걸린다는 거예요. 이때는 아시아 동쪽 끝에서 일어나는 일을 유럽에서 바로 알 수 없었습니다. 마찬가지로 유럽이나 이슬람 지역에서 일어나는 일을 중국이나 고려 사람들이 바로 알 수 없었지요. 이때 사람들은 '실시간 정보 교류'라는 것을 몰랐습니다.

그런데 요즘은 어떤가요? 어떤 사람이 자신이 지금 생각하고 있는 것을 알리고 싶다고 마음만 먹으면 이 지구에 있는 사람들에게 얼마든지 알릴 수 있습니다. 생각은 빛의 속력으로 온 지구에 퍼져 지구 반대편에 살고 있는 사람이 무엇을 하고 있는지 지금 당장 알 수 있습니다. 기

술의 발전은 지구를 같은 시간대로 묶었습니다. 인간은 정말 놀라운 생물이 아닐 수 없습니다.

하지만 눈을 조금만 돌려 우주로 나가면 지구인들이 처한 상황이 비단길로 물건을 실어 나르던 때만 못하다는 것을 금방 알 수 있습니다.

아침이면 하루도 거르지 않고 떠오르는 태양. 지금 막 떠오르는 그 태양이 사실은 지금 이 순간에는 거기에 없다는 것을 알고 있나요?

태양에서 출발한 빛이 1억 5천만 킬로미터를 달려 지구에 오는 데 무려 8분이라는 긴 시간이 필요합니다. 우리가 보고 있는 태양은 8분 전 태양인 셈입니다. 우리는 아직 빛보다 빨리 움직이는 방법을 모르기 때문에 태양에서 일어난 일을 실시간으로 알 수 있는 방법이 없습니다. 아무리 애를 써도 지금 이 순간 태양에서 무슨 일이 벌어지는지 알 수 없지요. 우리는 늘 8분이 지나야 알 수 있습니다.

태양에서 가장 가까운 별은 프록시마 센타우리라는 별인데, 이 별은 우리로부터 4.2광년 떨어져 있습니다. 빛의 속력으로 가도 4.2년이나 걸린다는 뜻입니다. 다시 말하면 우리가 보고 있는 프록시마 센타우리는 4.2년 전 모습을 우리에게 보여 주고 있다는 뜻입니다.

만약 프록시마 센타우리에 놀라운 문명과 기술을 지닌 외계인들이 있어 빛의 속력으로 달릴 수 있는 우주선을 만들었다면 지구에 오는 데 4.2년이 걸릴 것입니다. 그러니 이 외계인들과 지구인들이 실시간 문명 교류를 하려면 빛보다 더 빠른 방법으로 여행할 수 있는 방법을 찾아야만 합니다.

우리 은하에서 가장 가까운 은하인 안드로메다은하는 200만 광년이나 떨어져 있습니다. 우리가 보는 안드로메다은하의 모습은 200만 년 전의 모습이라는 뜻이에요. 반대로 안드로메다은하는 200만 년 전 우리 은하의 모습을 보고 있을 것입니다. 안드로메다은하도 우리 은하도 지금 이 순간 서로가 어떤 모습인지 결코 알 수 없습니다.

또 지구인들이 찾아낸 가장 먼 천체는 퀘이사인데, 퀘이사는 우리로부터 무려 150억 광년이나 떨어져 있습니다. 지구의 역사를 약 45억 년이라고 했을 때 이 퀘이사들은 태양보다 먼저 태어난 천체들입니다. 우

네가 보고 있는 난 300만 광년 전 모습이라구~

지금 저 은하가

어떤 모습일지 아는 사람은

아무도 없다!

배고파요...

보이냐? 저 은하까지 거리가 300만 광년이란다~

주가 처음 생겼을 때 태어난 바로 그 천체들이지요.

우리는 우주가 지닌 신비한 구조 덕에 150억 년 전에 생긴 천체를 보고 있는 것입니다. 물론 지금 이 순간 퀘이사들이 어떤 모습을 하고 있을지 아는 사람은 아무도 없습니다. 어떤 퀘이사는 멋진 은하로 진화했다가 사라졌을지도 모릅니다. 그러니 지금 우리가 보고 있는 퀘이사는 그 퀘이사의 화석인 셈이지요.

우주는 우리에게 다른 천체의 과거 모습만을 보여 줍니다. 그러나 지구인들은 어떻게든 현재, 바로 이 순간의 모습을 보려고 노력을 할 것입니다. 그 옛날 지구 반대편에 무엇이 있는지도 모른 채 사막에 놓인 오아시스를 따라 길을 낸 사람들처럼 우리도 지구를 벗어나 우주에 새 길을 개척하게 될 것입니다. 지금으로서는 그것이 어떤 방법일지 전혀 알 수 없지만 아직 희망은 있습니다.

그 옛날 낙타 상인들이 비행기나 인터넷을 상상이나 했겠습니까?

지금은 상상조차 할 수 없는 어떤 방법으로 우주 여기저기를 다닐 수 있게 될지도 모릅니다. 그렇게 되면 지구인들은 무엇을 가지고 다른 행성을 찾아갈까요? 여러분이라면 어떤 것을 외계 행성에 전해 주고 싶나요?

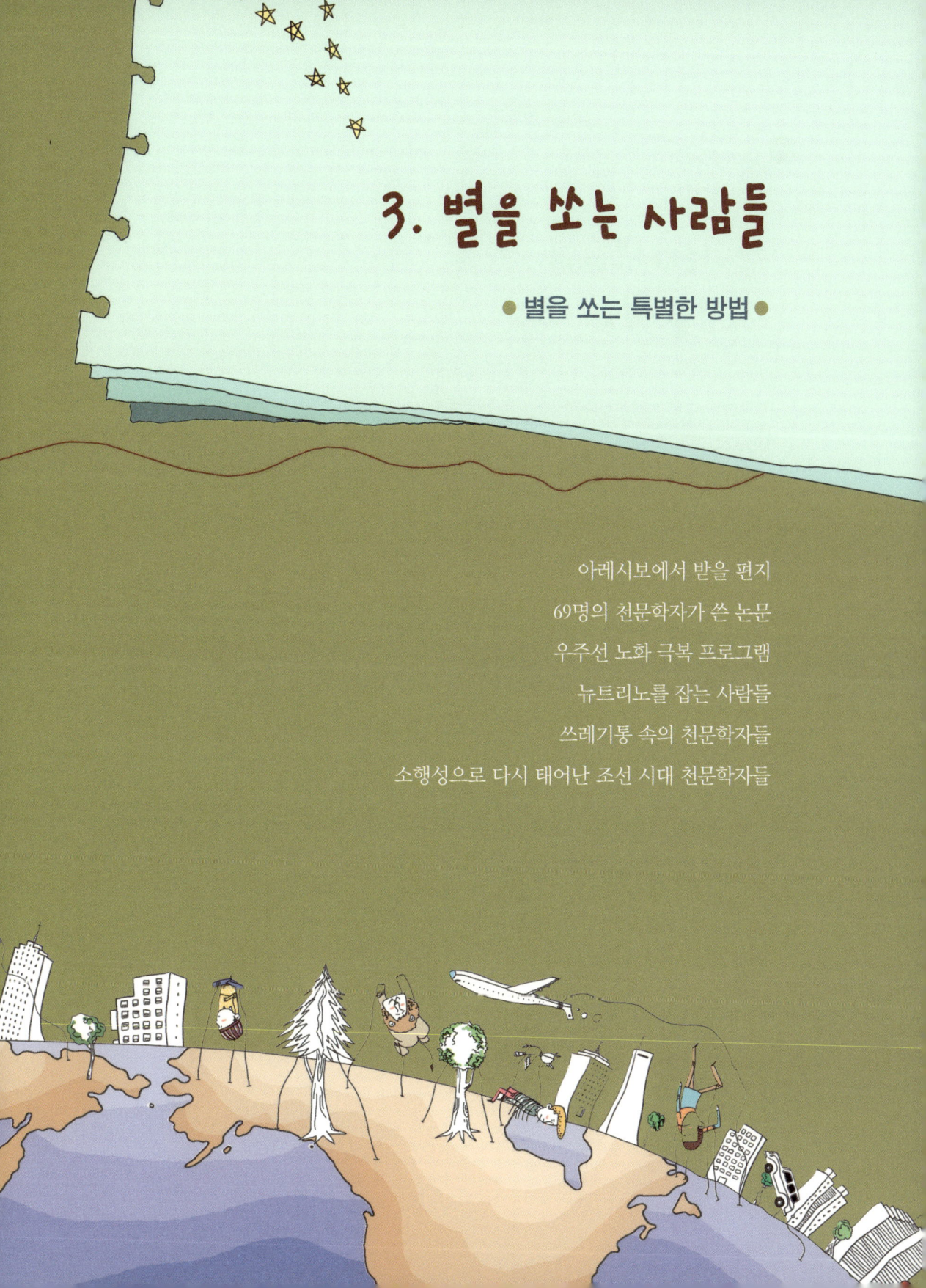

3. 별을 쏘는 사람들

● 별을 쏘는 특별한 방법 ●

아레시보에서 받을 편지
69명의 천문학자가 쓴 논문
우주선 노화 극복 프로그램
뉴트리노를 잡는 사람들
쓰레기통 속의 천문학자들
소행성으로 다시 태어난 조선 시대 천문학자들

아레시보에서 받을 편지

〈콘택트〉는 유명한 천문학자이자 과학 저술가였던 칼 세이건의 소설을 영화로 만든 것입니다. 그렇다면 칼 세이건은 주인공 엘리를 그냥 상상 속에서 만들어 냈을까요? 대답은 '아니오.'입니다.

칼 세이건은 여성 천문학자 질 타터를 본보기로 삼아 콘택트의 주인공 엘리를 만들어 냈습니다.

질은 푸에르토리코에 있는 아레시보 전파 천문대에서 외계에서 오는 신호를 받으려고 열심히 노력하는 천문학자입니다. 영화에 나오는 엘리와 같은 일을 하고 있지요.

다른 점이 있다면 엘리는 아주 똑똑한 외계 생명체로부터 편지를 받

있지만 질은 아직 한 통도 받지 못했다는 사실입니다. 정말 힘 빠지는 일입니다.

  질은 1년에 두 번 아레시보 전파 천문대에 갑니다. 한 번 갈 때마다 수십 일씩 외계에서 오는 신호를 받으려고 노력합니다.

  우선 지적 외계 생명체가 있을 만한 별을 먼저 찾아야 합니다. 별은 너무 뜨거워도 안 되고, 너무 차가워도 안 됩니다. 태양처럼 적당히 뜨거워야 합니다. 너무 젊은 별도 안 되고, 너무 늙은 별도 안 됩니다. 우리 태양처럼 적당한 나이를 가지고 있어야 합니다. 태양이 너무 젊었을 때는 지구에 박테리아 같은 미생물밖에 없었습니다. 박테리아가 외계에 신호를 보내기는 힘들 테니까요. 외계 생명체도 그러리라 생각하는 겁니다.

이 생각이 틀릴 수도 있습니다. 그러나 우리는 우리 스스로를 보고 외계 생명체를 생각하는 수밖에 없습니다. 지구에서 말고는 다른 생명체를 본 적이 없으니까요.

　적당한 별을 찾으면 거기서 오는 빛을 파장에 따라 20억 조각을 냅니다. 그리고 그 한 조각 한 조각에 어떤 규칙적인 신호가 있지 않나 검사합니다. 물론 이것은 천문학자 질의 명령에 따라 컴퓨터가 합니다.

　만약 어떤 별에서 누가 일부러 보내는 것 같은 신호가 잡히면 다른

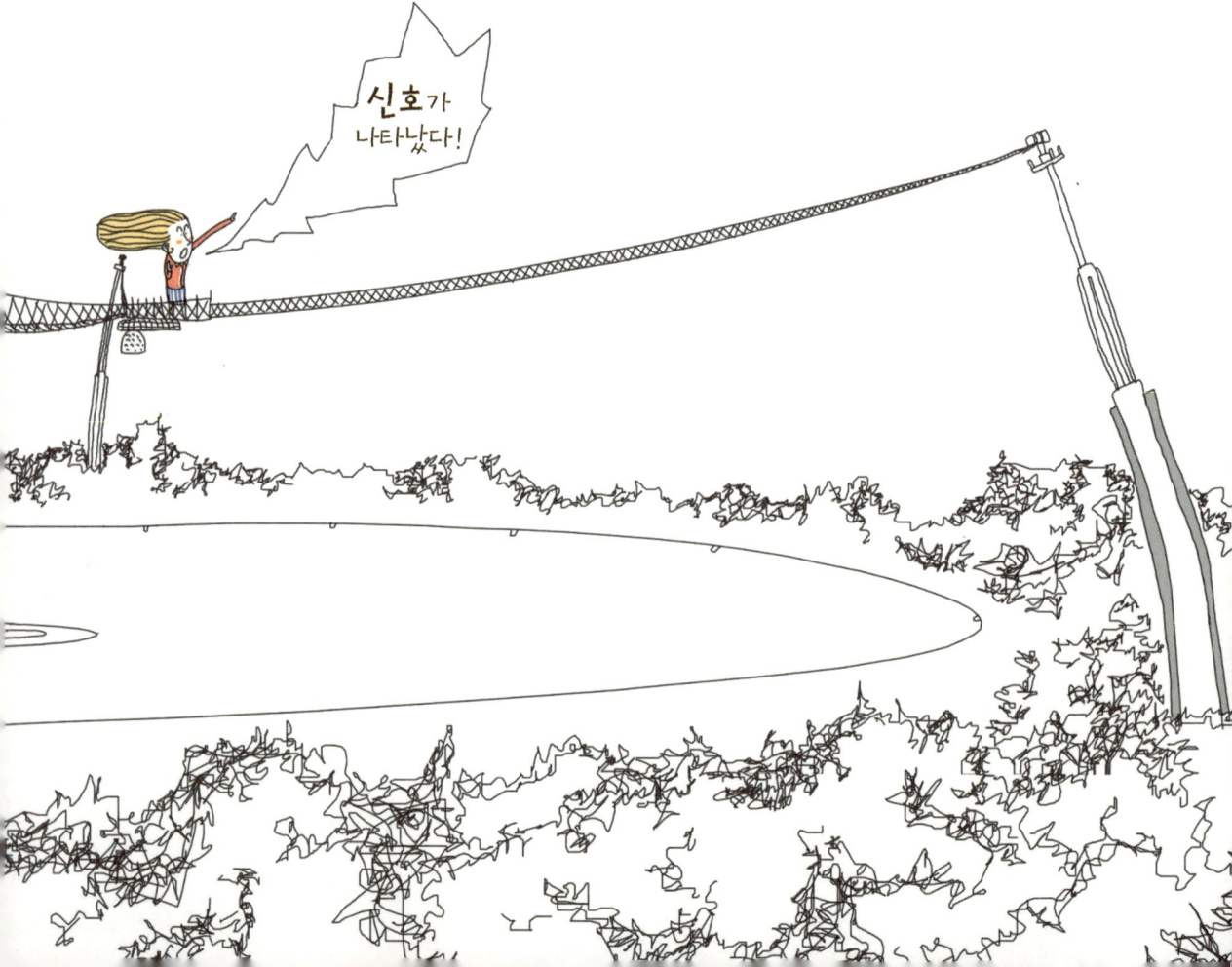

대륙에 있는 전파 천문대에 연락을 합니다. 그 별을 조사해 보라고요. 동시에 아레시보 전파 천문대는 그 별 옆의 빈 하늘을 조사합니다. 똑같은 신호가 빈 하늘에서도 나오는지 확인하는 거예요.

만약 흥미로운 신호가 특정한 별에서만 잡히고, 그 신호가 다른 대륙에 있는 천문대에서도 똑같이 잡히면 이것은 외계 생명체가 보낸 신호일 확률이 아주 높습니다. 그러면 아레시보 전파 천문대에는 즉각 경보가 울립니다. 동시에 컴퓨터가 지적 외계 생명체를 찾는 프로그램에 참여하고 있는 모든 사람들에게 메시지를 보냅니다. 신문사와 방송국에도 알리고요.

물론 이런 일은 아직 한 번도 일어난 적이 없습니다!

하루에 두 번 컴퓨터가 흥미로운 신호를 잡기는 합니다. 그러면 천

문학자들은 벌떡 일어나 컴퓨터 앞으로 달려갑니다. 이런 일은 50년 넘게 계속되어 왔습니다. 하지만 아직 외계인으로부터는 편지가 없습니다.

50년은 우리에게는 아주 긴 시간이지만 우주에서는 순간보다 짧은 시간입니다. 어쩌면 우리가 살아 있는 동안 똑똑한 외계인들이 보내는 신호를 받지 못할 수도 있습니다. 그래도 이웃 외계인과 친구가 되려면 늘 문을 열고 기다려야 합니다. 만약 친구가 찾아왔는데 그날따라 문이 닫혀 있어 만나지 못했다면 얼마나 속상하겠어요?

그래서 질과 같은 천문학자들은 언제 올지 모르는 편지를 기다리며 오늘도 망원경 앞에 앉아 있습니다.

69명의
천문학자가
쓴 논문

2008년 4월, 〈사이언스〉지에는 저자가 69명이나 되는 논문이 하나 실렸습니다. 논문의 내용은 OGLE-2006-BLG-109라는 긴 이름이 붙은 외계 행성계를 찾았다는 내용이었어요. 69명의 저자 가운데는 우리나라 천문학자 세 명도 포함되어 있었습니다.

바로 충북대학교 한정호 교수와 한국 천문 연구원 박병곤 박사와 이충욱 연구원입니다.

그동안 지구인이 찾은 외계 행성계는 약 250여 개로 외계 행성계를 찾았다는 것은 이제 그렇게 신선한 뉴스가 아닐 수도 있습니다. 그러나 저자가 69명인 이 논문은 뭔가 이야기가 있을 것 같습니다. 69명의 저

자들. 이들에게 대체 무슨 일이 일어났던 걸까요?

폴란드 태생 천문학자 보단 파친스키는 '중력 렌즈 효과'로 외계 행성계를 찾을 수 있다고 생각했습니다.

예를 들어, 두 별이 앞뒤에 나란히 있다고 칩시다. 나에게 가까운 별, 즉 앞에 있는 별이 렌즈 역할을 합니다. 앞에 있는 별이 뒤에서 오는 별빛을 휘게 만듭니다. 그래서 원래는 우리 눈에 도달하지 않을 빛도 우리 쪽으로 오게 합니다. 그 결과 뒤에 있는 별은 원래보다 밝아 보입니다. 이것이 중력 렌즈 효과입니다.

별들은 가만히 있지 않고 움직입니다. 결과적으로 앞에 있는 별이 지나가면서 뒤에 있는 별을 가리면 갑자기 밝아졌다 다시 어두워 보입니다. 만약 앞 별에 행성이 딸려 있다면 별은 다시 한번 밝아질 것입니다. 물론 행성은 작으니까 조금 밝아질 거예요.

하지만 문제가 있습니다. 우리 은하에는 별이 2천억 개나 있는데 그 가운데 어떤 별이 중력 렌즈가 될지 가만히 앉아서는 알 수가 없다는 것입니다. 그래서 천문학자들은 별을 감시하는 중력 렌즈 감시단을 만들었습니다.

OGLE, MOA, 마이크로FUN 같은 천문학자 단체는 별이 많이 모여 있는 우리 은하 중심 근처를 날마다 사진을 찍습니다. 우리 은하 중심은 남반구에 있으므로 칠레, 뉴질랜드, 오스트레일리아에서 관측을 합니다. 천문학자들은 하늘을 아주 작은 조각으로 나누어 밤새도록 쉬지 않고 사진을 찍습니다. 천문학자들은 거기에 찍힌 수백만 개의 별 가운데 어느 것이 중력 렌즈가 될 것인지 골라내야 합니다. 이것은 참을성이 많은 사람만이 할 수 있는 일입니다.

이 단체들이 중력 렌즈가 될 별을 찾으면 온 세계에 있는 천문학자들에게 연락을 합니다. 연락을 받은 천문학자들은 중력 렌즈가 될 별을 다 같이 봅니다. 이 일은 우리 은하에서 한 번 일어나면 다시 일어나지 않기 때문에 될 수 있으면 많은 사람이 봐야 합니다. 증인이 많아야 된다는 거지요.

또 낮이 되면 관측할 수 없기 때문에 모든 남반구에 있는 대륙의 천문학자들이 바통을 이어 가며 관측을 해야 합니다. 그것도 하루 이틀이 아니라 2주 가까이 이런 식으로 관측해야 합니다. 칠레에서 관측을 하다 아침이 되었는데 마침 그때 행성이 중력 렌즈가 되면 곤란하니까요.

OGLE-2006-BLG-109는 이런 과정을 통해서 발견된 외계 행성계입니다. 그러니 논문에는 OGLE, MOA, 마이크로FUN의 중력 렌즈 감시 단원과 각 대륙에 살면서 바통을 이어 관측한 증인들의 이름이 모두 쓰여 있는 겁니다. 그래서 저자가 69명이 된 거랍니다.

이 외계 행성계는 엄마별이 태양의 절반 정도이고, 목성의 절반 정도인 행성이 태양과 목성의 절반 정도 되는 거리에 있는 걸로 밝혀졌습니다. 또 이 행성의 표면 온도도 목성과 비슷하다는 것이 밝혀졌습니다. 완전히 태양계의 축소판인 셈이지요.

지구처럼 생명체가 살 수 있는 환경이 갖추어진 행성이 있을 수도 있다는 가능성을 보여 준 발견이었습니다. 뿐만 아니라 태양계와 같은 구조가 특별한 것이 아니라는 것을 보여 준 발견이기도 했어요. 그런 의미에서 이 발견은 온 세계의 주목을 받았습니다.

물론 우주에서 태양계와 같은 구조가 특별한 것이 아니라 평범한 구조라는 것은 어찌 보면 당연한 말일 수도 있습니다. 칼 세이건의 말대로 이 우주에 지구에만 생명체가 살고 있다는 것은 공간의 낭비일 테니까요.

69명의 저자 가운데는 뉴질랜드에 사는 가정주부도 끼어 있습니다. 제니는 뒷마당에 10인치짜리 망원경과 작은 돔을 갖추고 관측을 했습니다. 물론 자동으로 별을 따라가도록 되어 있어 제니는 망원경에 붙어 있지 않아도 되었어요. 제니는 아마추어도 얼마든지 외계 행성을 찾는 데 함께할 수 있다는 것을 보여 주었습니다.

천문학 박사 학위가 없어도 누구나 별을 쏠 수 있다는 것을 보여 준 사람입니다.

우주선 노화 극복 프로그램

별을 쏘는 사람들이라면 천문학자만을 생각할지 모르겠습니다. 그러나 천문대에 가면 천문학자들은 며칠씩 관측하러 올 뿐이고, 그곳에 머무르며 망원경을 손질하고 관리하는 사람들은 엔지니어들입니다.

천문학자들에게 필요한 기계와 컴퓨터를 새로 만드는 것도 엔지니어고, 그 기계들을 고치거나 성능을 더욱 좋게 만드는 사람도 엔지니어입니다. 우주에 망원경을 올려놓은 사람들, 태양계 변두리로 우주선을 보낸 사람들, 그 우주선에게 새로운 기술을 가르치는 사람들도 엔지니어입니다. 엔지니어들은 기계에 혼을 불어넣는 사람들입니다.

이렇게 이야기하고 보니 엔지니어들이야말로 진정한 별을 쏘는 사람이 아닐까 하는 생각마저 드는군요.

　1977년 8월, 지구를 떠난 보이저 2호는 2년 만에 목성을 지나가고 4년 만에 토성을 지나갔습니다. 그때만 해도 보이저 2호는 아주 쌩쌩했습니다. 눈 역할을 하는 카메라와 각종 장비를 달고 있는 보이저 2호의 팔은 젊은이의 팔이었습니다. 보이저 2호의 귀와 입인 통신 장비와 뇌에 해당하는 컴퓨터도 모두 최고의 상태였습니다.

　하지만 12년 뒤인 1989년 해왕성을 지나갈 때는 약간 달랐습니다. 지구에서 해왕성에 있는 보이저 2호에게 신호를 보내면 보이저 2호는 네 시간 뒤에나 그 신호를 받았습니다. 지구와 해왕성은 그만큼 멀리 떨어져 있습니다. 이 거리에서는 실시간 통신이라는 것이 불가능합니다. 그래서인지 12년 동안 우주를 외롭게 여행한 보이저 2호는 심각한 우울증과 노화 증상을 보였습니다.

컴퓨터는 기억 상실증에 걸렸습니다. 기억 회로 가운데 일부가 작동을 멈춘 것입니다. 또 아무리 말을 걸어도 답이 없었습니다. 과학자들은 보이저 2호가 우울증에 걸렸다고밖에 달리 생각할 수 없었지만 알고 보니 귀가 먼 것이었습니다. 통신 장비에 이상이 생겨 전파의 일부를 알아듣지 못했던 거예요. 관절염 증세도 보였습니다. 카메라와 각종 장비를 단 팔이 삐거덕삐거덕, 마음먹은 대로 움직이지 않았습니다.

몸은 여기저기 정상이 아니었지만 보이저 2호에게는 반드시 마쳐야 할 임무가 있었습니다. 해왕성의 모습을 사진에 담아 지구로 보내는 일이었어요. 이것은 누구보다 해왕성에 가까이 있는 늙은 보이저 2호만이 할 수 있는 일이었습니다. 하지만 그것은 아주 어려운 임무였습니다. 해왕성에서 보는 태양은 지구에서 보는 태양보다 900배 어둡습니다. 그 말은 보이저 2호에게 보이는 해왕성은 900배 흐리게 보인다는 뜻과 같습니다.

보이저 2호는 희미한 해왕성을 선명하게 찍기 위해 카메라 노출을 오래 주어야 했습니다. 또 자신이 가는 방향과 반대 방향으로 카메라를 정교하게 돌리며 계속 카메라가 해왕성을 바라보게 해야 했습니다. 그 상태로 사진을 찍어야 하는 거지요. 하지만 이것은 말처럼 쉽지 않습니다. 우주선이 지구를 36분에 한 바퀴 도는 빠른 속도로 해왕성을 지나가면서 카메라를 돌려야 하기 때문입니다. 총알과 같은 속도입니다.

10년 전 같으면 아주 쉬운 일이었을 것입니다. 그때는 보이저 2호도 젊었으니까요. 그러나 이제는 관절염에 걸려 그것이 쉽지 않습니다.

지구에 있는 엔지니어들은 보이저 2호 재활 치료를 시작했습니다. 예전처럼 보이저 2호의 팔이 정교하게 돌아가지는 않지만 어떻게 움직이면 젊었을 때처럼 사진을 찍을 수 있는지 가르치기 시작했어요.

엔지니어들은 아주 복잡한 프로그램을 짜서 보이저 2호의 컴퓨터로 보냈습니다. 네 시간 뒤 보이저 2호가 프로그램을 받았습니다. 프로그

램을 받은 보이저 2호는 공부를 시작했습니다. 사실 이것은 공부라기보다 뇌 수술에 가까운 것입니다. 보이저 2호는 엔지니어들이 가르치는 대로 카메라를 든 팔을 움직였습니다. 물론 이 과정은 한 번에 이루어지지 않았습니다. 엔지니어들은 보이저 2호가 제대로 할 수 있을 때까지 끈질기게 가르쳤습니다.

가까스로 해왕성의 사진을 찍은 보이저 2호는 자랑스럽게 사진을 지구로 보냈습니다. 그러나 지구와 해왕성은 너무 멀리 있네요. 보이저 2호에서 48억 킬로미터를 날아 지구로 오는 신호는 너무나 약합니다. 이것은 디지털 손목시계에 사용되는 전력의 200억 분의 1에 불과해요.

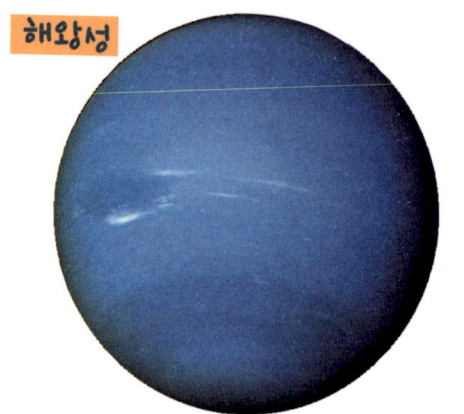

해왕성

그 신호를 받기 위해 온 엔지니어들은 눈을 부릅뜨고 있었습니다. 엔지니어의 눈과 귀가 되는 것은 온 세계에 깔려 있는 40여 개의 전파 망원경 안테나입니다.

우리가 보는 파란 해왕성의 멋진 사진은 이런 노력의 결과물입니다. 보이저 2호가 노화를 극복하는 노력을 하지 않았다면 절대 볼 수 없었던 사진이지요. 물론 그 노화 극복 프로그램을 짜고 훈련시킨 것은 엔지니어들입니다.

참 대단한 사람들입니다. 기계도 가르치니까요.

뉴트리노를 잡는 사람들

　천문학자들은 관측하기 좋은 곳이라면 지구 어디든지 달려갑니다. 우주의 유령 뉴트리노를 잡는 천문학자들이 간 곳은 어디일까요?

　바로 남극입니다. 지구에서 가장 추운 곳이지요.

　아, 뉴트리노가 뭐냐고요?

　뉴트리노는 태양 속에서 빛과 함께 태어납니다. 수소기 헬륨으로 바뀌는 핵융합 반응을 통해서 만들어지지요. 그렇지만 뉴트리노는 빛처럼 무게도 없고 빛과 같은 속도로 날아가지만 빛은 아닙니다.

　뉴트리노를 우주의 유령이라고 부르는 이유는 어떤 물질이든 마음대로 통과하기 때문입니다. 이 글을 읽고 있는 이 순간에도 뉴트리노는

우리 손과 눈, 몸을 아무렇지도 않은 듯 뚫고 지나갑니다.

우주의 유령 뉴트리노는 어디서 오는 걸까요? 대부분 태양에서 오는데, 놀라지 마세요. 낮에 태양을 향해 서 있으면 1초에 뉴트리노가 10억 개나 우리를 통과해 갑니다.

해가 뜨지 않는 밤에도 1초에 10억 개나 되는 뉴트리노가 지구를 뚫고 나와 다시 우리를 통과해 지나갑니다. 뉴트리노는 지구나 목성뿐만 아니라 어디나 뚫고 지나갑니다.

그런데 천문학자들은 보이지도 않고 손에 잡히지도 않는 뉴트리노를 왜 잡으려고 하는 걸까요?

그건 뉴트리노가 태양 속에서 벌어지는 일을 거의 실시간으로 알려주는 통신원이기 때문입니다. 그러니까 전쟁이 벌어지고 있는 중심부에서 전장의 소식을 가지고 날아오는 비둘기와 비슷합니다. 총알이 빗발치는 곳에 들어갈 수는 없지만 비둘기가 발에 달고 나오는 메시지로

그 속에서 벌어지는 일을 알 수 있는 것과 같습니다.

　재미있는 사실은 빛은 태양 중심에서 바깥으로 나오는 데 거의 100만 년이 걸리지만 뉴트리노는 바로 빠져나올 수 있다는 점입니다. 유령같이 말이에요. 우리가 지금 보고 있는 햇빛은 태양 속에서 100만 년 묵은 빛이고, 뉴트리노는 방금 생긴 싱싱한 것입니다.

　그런데 문제가 하나 있습니다. 손에 잡히지 않고 어디든 쉽게 빠져나가는 뉴트리노를 어떻게 잡느냐는 거예요. 뉴트리노는 비둘기와 달리 아무런 훈련을 받지 않았기 때문에 우리가 애타게 기다린다고 해서 절대 우리 품에 안기지 않습니다.

과학자들은 뉴트리노를 잡기 위해 폐광으로 들어가 버려진 땅속 동굴을 막아 빨래할 때 쓰는 것과 같은 염소 표백제로 채웠습니다. 왜냐고요? 아주 드물지만 뉴트리노가 염소 원자를 아르곤 원자로 바꾼다는 사실을 알아냈기 때문입니다. 과학자들은 기다렸습니다. 뉴트리노가 염소를 아르곤으로 바꾸기를 기대하면서요.

이것은 정말이지 어렵고 인내심이 있어야 가능한 일입니다. 결국 끈질긴 과학자들은 표백제 속에서 아르곤을 찾아냈습니다.

그 결과 태양에서 날아온 뉴트리노는 우리가 생각했던 양보다 훨씬

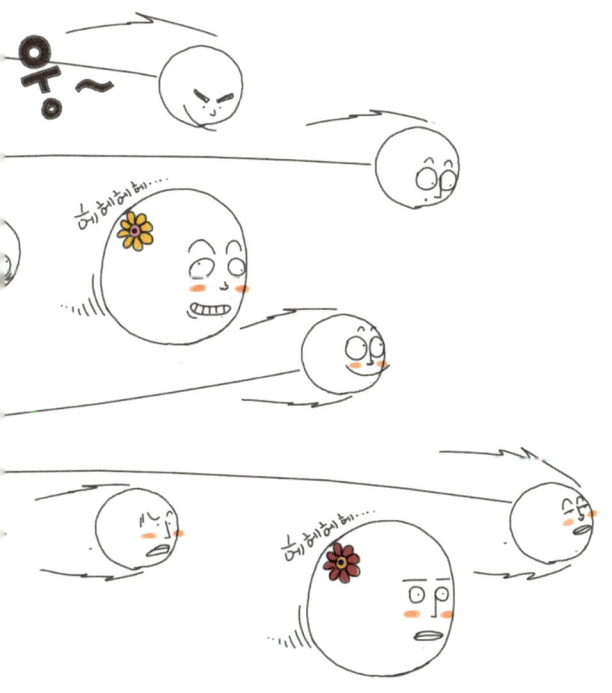

적다는 사실을 알게 되었습니다. 다시 말해 태양 속에서 빛과 뉴트리노가 우리가 생각했던 것보다 적게 만들어진다는 겁니다. 그렇다면 이제 곧 태양이 피식 하고 꺼져 버리는 것은 아닐까요?

천문학자들은 다시 확인하기 위해 남극으로 갔습니다. 남극 에레부스산 기슭에는 남극에서 가장 큰 건물이 두 개 있는데, 그곳에 뉴트리노를 잡을 장치가 있습니다. 그리고 그 장치를 하늘로 올려 보낼 지름이 90미터인 커다란 풍선이 있습니다.

과학자들은 눈보라가 불지 않는 날을 골라 이 풍선에 헬륨을 가득 채워 뉴트리노를 잡을 기계를 매달아 남극 하늘에 띄웠습니다. 왜 하필 남극이냐고요?

남극에서는 기구가 나선을 그리며 남극 상공에 오래 머물뿐 아니라 본부에서 멀리 떨어지지 않아 교신이 쉽거든요. 하지만 좋은 점은 여기까지입니다.

기구는 한 달 넘게 남극 상공에 나선형을 그리며 뱅뱅 돌아 남극점에서 멀어져 갑니다. 물론 남극을 아주 빠져나가지는 않습니다. 천문학자들은 기구와 장비가 하늘에 있는 동안 남극에서 이 기구를 감시해야 합니다. 영하 30~40도를 넘나드는 강추위와 초속 20미터가 넘는 눈보라를 견뎌야 하고, 때로는 아무 소리도 들리지 않는 고요 속에서 외롭게 자기 자신을 친구 삼아 지내야 합니다.

천문학자 가운데는 모험가 기질이 있는 사람들이 있습니다. 그들에게는 이것이 어려운 일이 아니라 즐거운 일이랍니다.

그리고 사실, 태양 속에서 천문학자들이 생각했던 것보다 적은 수의 뉴트리노가 만들어지고 있는지, 아니면 뉴트리노를 잡는 방법에 문제가 있는지 아직은 알 수 없습니다. 그렇다 하더라도 이 결과는 우리에게, 무엇보다 앞으로 커서 과학자가 될 여러분에게 많은 것을 말해 줍니다.

이 실험 결과가 옳다면 태양 속에서 벌어지고 있는 일들이 그동안 우리가 생각했던 것과는 조금 다르게 벌어지고 있다는 것을 말해 주니까요. 그 말은 지금까지 과학자들이 알아낸 사실에 허점이 있으니 앞으로 과학자가 될 여러분들이 해야 할 일이 많다는 뜻이기도 해요.

"내가 뭘 좀 하려고 했는데 누가 벌써 다해 놨더라고."라고 말하는 사람들이 있습니다. 정말 그럴까요? 걱정 말아요. 우주는 넓고 할 수 있는 일은 아직 엄청나게 많으니까요.

반드시 뉴트리노를 잡고야 말겠어!

쓰레기통 속의 천문학자들

관측에 필요한 장비를 스스로 만들어야 하는 천문학자의 방은 쓰레기장을 생각나게 합니다.

책이 꽂혀 있어야 할 책장에는 수많은 종이 상자, 투명한 플라스틱 상자, 서랍이 달려 있는 플라스틱 통으로 가득합니다. 그 속에는 납땜이 묻어 있는 엉킨 전선들, 자기 자리를 못 찾은 회로 소자들, 어딘가에 꽂혀 있었던 회로 기판들, 오실로스코프, 펜치와 그 사촌뻘 되는 도구들, 납땜 도구 같은 것들이 쓰레기처럼 어지럽게 널려 있습니다.

가끔 전화라도 오면 전화 소리 나는 주변을 정리해야 겨우 수화기가 보일 정도랍니다. 정리 정돈 잘하는 깔끔이들은 연구실을 정리 좀 하

라고 하지만 그건 절대 안 됩니다. 이 방의 주인들은 물건의 자리가 달라지면 그 물건을 찾지 못할 때가 있거든요. 다른 사람 눈에는 어지러워 보이지만 방 주인들의 눈에는 모든 것이 제자리에 있는 걸로 보인답니다.

관측 천문학자의 방에 가끔 들르는 사람들은 이 물건들을 보며 흠칫 놀라기도 합니다.

"아니, 이 기계들은 번식하는 능력도 있나?"

그렇습니다. 분명 이 잡동사니들은 어떤 장비의 부품이 되어 사라지지만 날이 갈수록 상자는 늘어만 갑니다. 정말 이곳에 있는 기계들과 부품들이 자기 복제라도 하는 걸까요?

책상은 겨우 책 하나 놓을 자리만 비워져 있고, 책은 책상 위에 쌓여 있습니다. 그나마 그 빈자리에는 껍질을 홀라당 벗긴 컴퓨터가 차지하고 있습니다. 누드 컴퓨터라는군요.

여기가 바로 칼텍으로 잘 알려진 캘리포니아 공과 대학의 '쓰레기통 천재들'이라 불리는 엔지니어들이 있는 곳입니다. 텔레비전 수리공이었던 전자 회로의 귀신 드비어 스미스, 전선들이 말을 걸어온다는 전선 연결의 천재 조반니 창, 지구에 있는 움직이는 기계의 존재를 모조리 알고 있다는 빅터 네나우, 컴퓨터와 프로그램을 상의한다는 리처드 루치니오가 쓰레기통 천재들입니다.

이들은 칼텍에 근무하는 천문학자뿐 아니라 지질학자나 다른 분야의학자들에게도 필요한 부품을 공짜로 찾아 주는 것은 물론 '쓰레기'를 이용해서 세상에서 하나밖에 없는 장비를 만들어 주기도 합니다. 물론 이 네 명이 생활하는 연구실은 그 자체가 쓰레기장이지요.

 쓰레기통 천재들을 찾아오는 천문학자는 아무도 알아볼 수 없는 설계도를 들고 옵니다. 그러면 이 네 명의 쓰레기통 천재들은 암호 해독부터 시작합니다. 천문학자가 만들어 달라고 요구하는 장비는 만들기만 하면 지구에서 하나밖에 없는 것일 확률이 큽니다. 아니, 세상에서 하나밖에 없는 것이 맞습니다. 왜냐고요? 만약 천문학자가 생각하는 장비가 벌써 판매되고 있다면 그걸 사면 되지 왜 이 쓰레기통 천재들을 찾아오겠습니까.

 혹시, 여러분은 최첨단 기계는 멀리서 봐도 반짝반짝 윤이 난다고 생각하나요? 그것은 오해입니다. 최첨단 기계일수록 겉모습은 볼품없습니다. 그것을 만드느라 바빠 겉모양을 신경 쓸 겨를이 없기 때문이에요. 만약 그렇게 만든 최첨단 기계를 찾

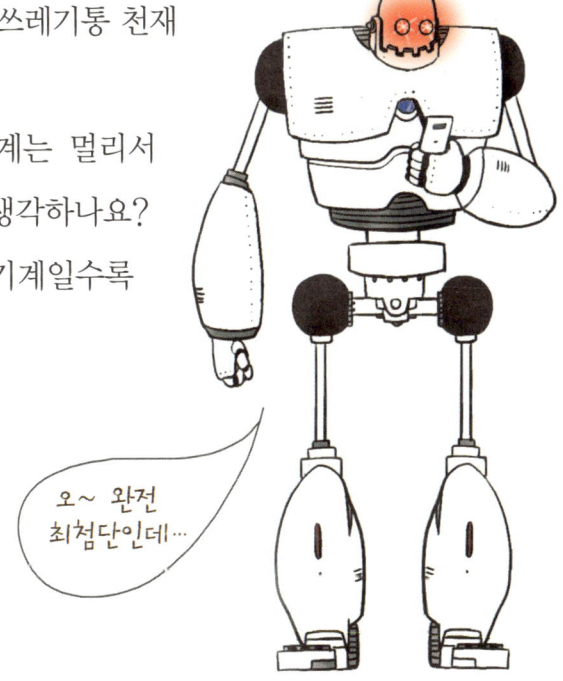

오~ 완전 최첨단인데…

는 사람이 많다면 좀 더 그럴싸한 모양이 나오지 않을까요?

 하지만 반딧불보다 약한 별빛을 쪼개서 연구하는 분광기나 우주의 화석이라 불리는 퀘이사를 동영상으로 찍는 냉장고만 한 카메라나 중력 렌즈 효과를 측정한다는 카메라를 누가 사고 싶어 하겠습니까? 아마 이 천재들이 만드는 기계는 영원히 멋진 모양을 갖지는 못할 겁니다. 그렇게 되면 이 쓰레기통 천재들은 더 이상 쓰레기통의 천재들로 살맛이 나지 않을 거예요. 아니, 자신들이 만드는 걸 남도 만들 수 있다고 생각하면 자존심 상할지도 모릅니다. 이 천재들은 남들과는 다른 방법으로 별을 쏘고 싶어 하니까요.

소행성으로 다시 태어난 조선 시대의 천문학자들

최무선, 장영실, 이천, 이순지, 허준, 홍대용, 김정호!

이 일곱 사람의 공통점은 무엇일까요?

바로 우리 역사 속에 이름을 남긴 훌륭한 과학자입니다. 또 화성과 목성 사이에 있는 소행성의 이름이기도 합니다.

경북 영천에 있는 보현산 전문대 선영범 박사님은 친문대에 있는 1.8미터 망원경으로 아직 알려지지 않은 소행성을 찾아 거기에 우리 과학자들의 이름을 붙였습니다.

소행성을 찾는 것 역시 시간과 끈기가 필요한 일입니다. 하루에 두 번, 그리고 일주일에 두 번 이상 소행성으로 생각되는 천체의 사진을

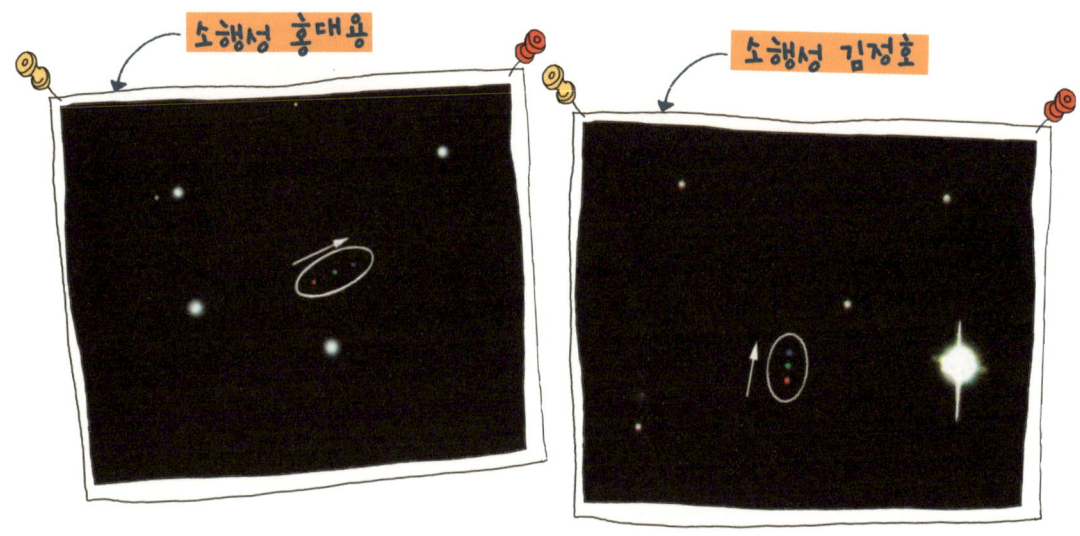

위의 사진은 다른 시간에 찍은 세 장의 사진을 겹쳐 놓은 것이다. 다른 별들은 붙박이 별로 위치가 변하지 않았지만 소행성은 위치가 달라졌다.(○ 안에 있는 것이 소행성)

찍어야 할 뿐만 아니라, 궤도를 정하려면 3~4년 동안 이 일을 반복해야 합니다. 그래야 비로소 소행성으로 인정받을 수 있답니다.

  소행성으로 다시 태어난 과학자 가운데 이천과 이순지는 조선 시대에 살았던 별을 쏘는 사람이었습니다.

  이천(1376~1451년)은 1401년 무과에 급제하면서 무관으로 관직에 나갔습니다. 그런데 이천은 과학 기술자가 지녀야 할 재능도 가지고 있어 요즘으로 치면 과학 기술 행정관에 해당하는 공조 참판으로 임명되었습니다. 능력이 뛰어난 사람들 가운데는 이것저것 다 잘하는 사람이 더러 있는데, 아마 이천이 그랬나 봅니다.

  이천은 많은 업적을 남겼지만 그 가운데 천문학과 관계있는 것을 꼽

으라면 간의와 혼천시계를 만든 일이라 할 수 있습니다. 이천이 활약하던 때 세종과 학자들은 한양의 정확한 위치를 알아내고, 절기와 시간을 정확하게 알리려면 천체 관측이 꼭 필요하다는 사실을 알고 있었습니다. 그래서 별의 정확한 위치를 관측하는 대간의, 소간의를 만들고 경복궁 경회루 북쪽에 간의대, 즉 천문대를 세웠어요.

세종실록에 따르면 간의대는 높이 31척(약 9.4미터), 길이 47척(약 14미터), 너비 32척(약 9.7미터)으로 돌로 쌓아 지었다고 합니다. 높이가 10미터라면 아파트 3층에 해당하는 높이인데, 15세기에 이런 천문대를 세웠다니 정말 놀라운 일이 아닐 수 없습니다.

대간의는 천체의 위치를 측정하는 데 쓰였고, 높이가 40척(약 12미터)인 규표는 그림자 길이를 재어 24절기와 1년의 길이를 정하는 데 쓰였습니다. 같은 시기에

간의

규표

중국에 있는 규표의 높이는 8척(약 2.4미터)으로 이천은 이보다 다섯 배나 높은 규표를 세운 것입니다.

혼천시계는 시간을 정확히 재려는 목적으로 만든 것으로 물이 흐르는 힘을 이용해서 작동하도록 되어 있습니다. 그리고 일정한 시간이 되면 나무 인형이 나와 종을 쳐서 알리는 자명종 장치가 되어 있었습니다.

간의대가 설치되고 간의 같은 천문 관측 기기를 만드는 국가적인 사업은 세종 14년(1432년)에 시작되어 세종 19년(1437년) 마무리를 짓습니다. 그런데 이 사업에는 날짜를 정하고 절기를 제대로 맞추며 일식과 월식 같은 천문 현상이 언제 일어날지 예측하는 연구도 포함되어 있었습니다. 그래서 옛 기록을 체계적으로 정리하고 연구해서 학문적으로 남기는 일을 했는데, 이 일을 맡은 사람이 이순지(1406~1465년)였습니다.

이순지는 〈칠정산내편〉과 〈칠정산외편〉이라는 책으로 연구를 마쳤습니다. 여기서 칠정산이란 해와 달과 다섯 개의 행성(금성, 지구, 화성, 목성, 토성)이 어떻게 움직이는지를 계산한다는 뜻이 들어 있습니다. 책 제목이 정말 딱이라는 생각이 들지 않나요?

세종과 더불어 눈부신 과학 기술을 펼쳤던 15세기, 찬란한 문화를 자랑하던 이슬람 세계는 그 불빛이 점점 꺼져 가는 시기였고, 오랜 전통을 지닌 중국 과학은 명나라에 이르러 혼란 상태에 있었습니다. 유럽은 근대 과학이 기지개를 펴려고 하고 있었고요. 이런 시기에 조선 과학은 이슬람 세계와 중국 과학을 뛰어넘는 창조적인 발전을 이루고 있었습니다.

이천과 이순지는 바로 그 시기에 활동하던 별과 더불어 살았던 과학자였던 것입니다.

나오는 글

마낭경 보러 오는 사람들

　서울대학교 천문학과에서는 1년에 한 번 일반인을 위한 천문 관측 행사를 연다. 행사가 열리는 천문대는 학교 남쪽 산 위에 있기 때문에 교문부터 천문대까지 제법 먼 길을, 그것도 오르막길을 가야 한다. 길바닥에는 '천문대 가는 길' 또는 '마낭경 보러 가는 길'이라는 재미난 문구가 천문대까지 이어져 있다. 사람들은 바닥에 붙은 이 문구를 보며 천문대에 오른다.
　관측 행사에는 참 가지각색의 사람들이 마낭경을 보러 온다.
　운이 나쁘게 구름이 끼어 별을 볼 수 없다고 하면 구름 좀 끼었다고 별을 못 보면 그게 무슨 천문대냐고 마구 윽박지르는 사람도 있다.
　날이 맑아도 문제다. 토성이나 목성 같은 행성은 망원경으로 보면 아름다운 띠와 줄무늬가 보이지만 별은 망원경으로 봐도 점으로밖에 안 보이기 때문이다. 사람들은 궁금해한다. 그냥 봐도 점이고 망원경으로 봐도 점인데 왜 망원경으로 보느냐고.
　날이 맑아도 날이 흐려도 불만이 많지만 이상하게도 마낭경을 보러 온 사람들은 즐거움으로 가득 차 있다. 보통 때에는 볼 수 없었던 천문대와 망원경, 암실, 부엌, 숙소 등을 돌아보며 천문학자라는 생소한 직업을 가진 사

람들이 어떻게 생활하는지 엿볼 수 있기 때문이다. 모든 것이 신기하고 재미있다.

 어떤 사람은 평생 하늘만 보고 사니 얼마나 좋겠냐고 천문학자들을 부러워하기도 한다. 하지만 천문학자의 길이 그리 쉽지만은 않다. 관측한 사실을 설명하려면 복잡한 물리 법칙을 모두 만족시키는 답을 찾아야 한다. 마음대로 이론을 만들 수 없다. 아름다운 우주를 보며 일하지만 마냥 즐거운 일이 아닐 수도 있는 것이다. 대신 고생 끝에 훌륭한 결과를 얻으면 무엇과도 바꿀 수 없는 성취감을 느낀다. 물론 그 성취감은 스트레스라는 대가를 지불하고 받은 것이다.

 그러나 천문학자가 아니라면 전문 지식은 부족하더라도 좀 더 즐겁게 우주를 볼 수 있다. 하늘을 쳐다보려고 돈을 내거나 누구의 허락을 받을 필요는 없다. 그러니 언제 어디서나 내가 원하면 하늘을 볼 수 있다. 우주에 대해서라면 마음껏 상상하고 이상한 이야기를 지어내도 된다. 아무도 가서 확인할 수 없기 때문에 내 맘대로 생각하면 그뿐이다. 상상할 때 천문학자들처럼 물리 법칙에 얽매이지 않아도 된다.

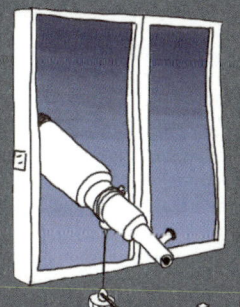

 누구에게나 열려 있는 우주는 인간에게 유일하게 남은 휴식 공간이며 어린이와 청소년에게는 과학으로 가는 훌륭한 관문이다.

 이런 의미에서 본다면 망원경을 보는 직업 천문학자보다 마냥경을 보러 가는 사람이 더 행복하게 별을 쏘는 사람이 아닐까?

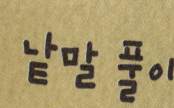

낱말 풀이

가시광선
빛(전자기파) 가운데 사람의 눈으로 볼 수 있는 빛. 가시광선이 아닌 엑스선, 자외선, 적외선, 전파 등은 사람의 눈으로 볼 수 없는 빛이다.

광년
빛이 1년 동안 가는 거리. 구조 사천육백억 킬로미터. 9,460,000,000,000 km

간섭계
같은 곳에서 출발한 두 개 이상의 서로 다른 빛을 모아 연구하는 기계.

지구형 행성
태양계에 있는 행성 가운데 수성, 금성, 지구, 화성을 모두 합쳐 부르는 말. 목성, 토성, 해왕성, 천왕성을 모두 합쳐 목성형 행성이라고 한다. 목성형 행성은 지구형 행성에 비해 크기는 매우 크지만 밀도는 낮고 자전 속도가 빠르다.

변광성
밝기가 변하는 별. 스스로 부풀었다 줄어들었다 해서 밝기가 변하는 별도 있고, 어떤 별을 또 다른 천체가 주기적으로 가려서 밝기가 변하는 별도 있다.

분광기
빛을 나누는 기계.

성단
수백개에서 수 만 개의 별들이 모여 있는 별의 무리. 마구 흩어져 있는 것처럼 보이는 산개 성단과 별들이 공처럼 모여 있는 구상 성단이 있다.

소행성
태양을 돌고 있는 작은 행성으로 모양이 불규칙하고 주로 화성과 목성 사이에 모여 있다. 혜성과는 다른 천체다.

오실로스코프
전압의 변화를 눈에 보이도록 해 주는 장치.

유기물
유기 화합물의 다른 이름. 탄소를 주축으로 이루어진 화합물 가운데 산화탄소, 금속탄산염, 시안화물 같은 무기 화합물을 뺀 탄소 화합물. 역사적으로 유기 화합물은 생물체의 구성 성분 또는 생물체만이 만들어 낼 수 있는 화합물로 알려져 왔다.

외계 행성
태양이 아닌 다른 별을 돌고 있는 행성.

위성
행성 주위를 도는 천체.

은하단
우리 은하가 아닌 외부 은하들이 모여 있는 집단. 처녀자리 은하단이 잘 알려져 있다.

적외선
가시광선보다 파장이 긴 빛. 사람의 눈으로 볼 수 없다.

천체
우주에 있는 모든 대상을 일컫는 말.

포말하우트
포말하우트는 남쪽물고기자리에서 가장 밝은 엄마별의 이름이고, 포말하우트b는 포말하우트를 돌고 있는 외계 행성의 이름. 2008년 허블 우주 망원경이 포말하우트b를 찍는 데 성공했다. 포말하우트b는 간접 증거가 아닌 가시광선으로 사진에 찍힌 첫 외계 행성이다.

하야시 경로
원시별이 주계열별로 태어나는 과정. 이 과정을 처음 밝혀낸 일본 천문학자 쓰시로 하야시의 이름을 붙였다.

호산성균
강한 산성 환경에서도 살아남는 균.

행성
태양 둘레를 도는 천체. 스스로 빛을 내지 못하고 태양 빛을 반사해서 존재를 드러낸다.

혜성
먼지 섞인 얼음덩어리로 태양으로부터 멀리 떨어진 곳에서 태양 가까이 날아온다. 태양 가까이 올수록 얼음이 증발해 멋진 꼬리가 길어진다. 혜성은 반복해서 태양 가까이 올 때마다 조금씩 작아진다.

허블 우주 망원경
지구 둘레를 돌며 관측할 수 있는 망원경. 대기의 영향을 받지 기 때문에 지상에 있는 망원경보다 훨씬 깨끗한 영상을 얻을 수 있다.

찾아보기

CFHT 망원경 23~25
CFHT 천문대 22
DNA 이중 나선 구조 62, 63
M13 63

ㄱ

가시광선 6, 37, 48, 95, 143~145
간섭계 52, 143
간의 135, 136
간의대 135, 136
공전 주기 86, 91
광년 63, 94, 99, 100, 143
광학 망원경 48, 49, 141
구상 성단 24, 39, 40, 63, 144
구아닌 62
궤도 134
규표 135, 136
금성 64~69, 71, 81, 137, 143
김정호 133, 134

ㄴ

남반구 32~34, 111
널린 별떼 40
뉴트리노 121~127

ㄷ

단백질 62, 70, 80, 82
대간의 135
대기 52, 65, 80~82, 145
돔 5, 22, 23, 26, 27, 38, 114
둥근 별떼 40
드비어 스미스 130
디디어 쿠엘로즈 90

ㄹ

리처드 루치니오 130

ㅁ

마우나케아 6, 16, 17, 19~23, 26, 31, 38, 40, 43, 54, 141
마이크로파 63
메탄 78, 80
목성 50~54, 81, 86,

90, 92, 112, 116, 122, 133, 137, 138, 143, 144
미국 항공 우주국(NASA) 42, 71, 72
미쉘 메이요 90

베가 우주선 66, 67
베네라 7호 64, 65
변광성 40, 48, 143
보단 파친스키 110
보이저 2호 116~120
보현산 천문대 22~24, 133, 140, 142
북극성 33
북반구 19, 32~34
분광기 52, 132, 143

사이팅 스프링 천문대 54, 140
산개 성단 39, 40, 144

산소 19, 47, 60, 62, 63, 66, 88
성단 24, 39, 48, 144
소간의 135
소행성 55, 133, 134, 144
수성 90, 143
수소 60, 62, 63, 66, 80, 121
수증기 66, 69, 80
슈메이커-레비9혜성 51~53
스바루 망원경 23, 40
스바루 천문대 38
스탠리 밀러 80
시토신 62

ㅇ
아데닌 62
아레시보 성간 메시지 59~63
아레시보 전파 천문대 58, 59, 63, 104, 105, 107, 141

아르곤 125
아미노산 80, 82
아타카마 사막 6, 44, 45
안드로메다은하 99
알마 전파 천문대 45~47, 141
암모니아 80
앤드류 카네기 30
엄마별 86, 87, 90, 112, 145
엔지니어 20, 47, 91, 115, 118~120, 130
엘 캐피탄 72
여키스 천문대 30
염기 62, 63
염소 125
오메가 센타우리 33
오실로스코프 128, 144
오퍼튜니티 호 71~73
외계 생명체 8, 9, 60, 62, 63, 84, 89, 104~107
외계 행성계 55, 109, 110, 112
외계인 60, 84, 85, 99,

108

외부 은하단 24

우리 은하 48, 99,111,144

원소 60~63

위성 78, 81, 144

윌리엄 마이런 29

윌슨산 천문대 30

유기물 70,144

유황 81

은하단 24, 144

이산화탄소 65, 66, 68, 81

이순지 133, 134, 137

이천 133~137

인 62, 63

ㅈ

자연사 박물관 43

장영실 133

적외선 37, 48, 143, 144

전파 망원경 6, 46~49, 120

제미니 망원경 23, 32, 37, 40

제미니 천문대 32, 34, 35, 37, 141

제프리 마시 91

조반니 창 130

존 록펠러 30

좀생이별 39, 40

중력 렌즈 감시단 111

중력 렌즈 효과 110, 132

지구형 행성 81, 143

지적 생명체 85, 89, 105, 107

지질 자원 연구소 43

진화 42, 70, 101

질량 52, 86, 90~92

질소 60, 62, 63, 82

질 타터 104

ㅊ

찰스 타이슨 여키스 30

처녀자리 70 90, 91

천문대 5, 6 17, 19, 22~24, 26, 28~32, 34, 36~38, 40, 43, 45~47, 50~55, 58, 59, 63, 90, 104, 105, 107, 115, 133,135, 138, 140~142

천체 6, 33, 39~40, 42, 48, 70, 99, 101, 133, 135, 144, 145

첨성대 43

최무선 133

칠정산내편 137

칠정산외편 137

ㅋ

카시니 호 82

칼 세이건 46, 104, 112

칼리알토산 천문대 51, 52

칼텍 130

켁 망원경 27, 28, 54

켁 천문대 23, 24, 28~32

콘택트 46, 104

퀘이사 99, 101, 132
큰곰자리 47 90

ㅌ
타이탄 78~83
탄소 60, 62, 63, 144
탐사선 10, 71, 81, 82
태양계 52, 61, 63, 85~87, 89, 91, 112, 115, 143
토성 78, 81, 116, 137, 138, 143
티민 62

ㅍ
파장 48, 106, 144
팔로마산 천문대 30, 141
페가수스자리 51 90, 91
포말하우트 94, 95, 145
폴 버틀러 91
프록시마 센타우리 99
플레이아데스 39, 40

ㅎ
하야시 경로 42, 145
한국 천문 연구원 30, 43, 109
할레 포하쿠 20, 21
해왕성 116, 118~120, 143
핵융합 반응 121
행성 48, 49, 52, 64, 81, 85~87, 90~92, 94, 95, 101, 111, 112, 137, 138, 143~145
허블 우주 망원경 42, 51, 94, 145
허준 133
헬륨 121, 126
혜성 40, 42, 52~55, 84, 144, 145
호산성교 67, 145
호이겐스 호 82, 83
혼천시계 135, 136
홍대용 133, 134
화산 61, 70, 72, 88
화성 71~73, 76, 81, 133, 137, 143, 144
황산 67, 68, 88

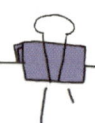

사진을 제공해 주신 분들

17쪽 ● National Astronomical Observatory of Japan / 2004

21쪽 ● Hale Pohaku / 2007

22쪽 ● Jean-Charles Cuillandre (CFHT) / 1999

26쪽 ● W.M. Keck Observatory / 2005-2009

34~35쪽 ● Gemini Observatory

38쪽 ● Subaru Telescope, NAOJ / 1999-2009

39쪽 ● Anglo-Australian Observatory / Royal Observatory, Edinburgh(위) | 한국 천문 연구원(아래)

45쪽 ● ALMA Observatory

53쪽 ● H.A. Weaver, T. E. Smith (Space Telescope Science Institute), and NASA

68쪽 ● NASA / JPL

73쪽 ● NASA / JPL

80쪽 ● NASA / JPL / Space Science Institute

95쪽 ● NASA, ESA and P. Kalas (University of California, Berkeley, USA)

120쪽 ● NASA / JPL

134쪽 ● 한국 천문 연구원

136쪽 ● 세종대왕 유적관리소(위, 아래)

참고 도서

〈우주로의 여행〉_ 앤드류 프래크노이, 데이비드 모리슨, 시드니 울프 지음 청범출판사

〈천문학 및 천체물리학 서론〉_ 마이클 자일릭 지음 대한교과서

〈오레오 쿠키를 먹는 사람들〉_ 리처드 프레스턴 지음 영림카디널

〈하늘에 새긴 우리역사〉_ 박창범 지음 김영사

〈코스모스〉_ 칼 세이건 지음 사이언스북스

〈월간 과학동아〉

ⓒ이지유, 2009

초판 1쇄 발행 2009년 7월 15일 | **초판 19쇄 발행** 2024년 11월 15일
글쓴이 이지유 | **그린이** 송진욱
펴낸이 홍석 | **이사** 홍성우
편집부장 이정은 | **편집** 조유진 | **디자인** 권영은·김영주 | **외주디자인** 나비
마케팅 이송희·김민경 | **제작** 홍보람 | **관리** 최우리·정원경·조영행
펴낸곳 도서출판 풀빛 | **등록** 1979년 3월 6일 제2021-000055호
주소 서울특별시 강서구 양천로 583 우림블루나인 A동 21층 2110호
전화 02-363-5995(영업) 02-362-8900(편집) | **팩스** 070-4275-0445
전자우편 kids@pulbit.co.kr | **홈페이지** www.pulbit.co.kr
블로그 blog.naver.com/pulbitbooks | **인스타그램** instagram.com/pulbitkids
ISBN 978-89-7474-638-4 73440

• 이 책 내용의 일부 또는 전부를 재사용하려면 반드시 저작권자와 풀빛 양측의 동의를 얻어야 합니다.
• 책값은 뒤표지에 표시되어 있습니다.
• 파본이나 잘못된 책은 구입하신 곳에서 바꿔 드립니다.

이 책의 국립중앙도서관 출판시도서목록(CIP)은 e-CIP 홈페이지(http://www.nl.go.kr/ecip)와 국가자료종합목록시스템(http://www.nl.go.kr/kolisnet)
에서 이용하실 수 있습니다. (CIP제어번호: CIP2009001988)

| **품명** 아동 도서 | **사용연령** 9세 이상 | **제조국** 대한민국 | **제조년월** 2024년 11월 15일 |
제조자명 도서출판 풀빛 | **연락처** 02-363-5995 | **주소** 서울특별시 강서구 양천로 583 우림블루나인 A동 21층 2110호
주의사항 종이에 베이거나 긁히지 않도록 조심하세요. 책 모서리가 날카로우니 던지거나 떨어뜨리지 마세요.
KC마크는 이 제품이 공통안전기준에 적합하였음을 의미합니다.